BREVE HISTORIA

de

BOCAS DEL TORO:

LA JOYA DE PANAMÁ

Clyde S. Stephens

Cecropia Press

Primera impresión en formato bilingüe 2008
Ediciones monolingües 2024

Traducido al español por Bernal Saborío.
Editado por Luis Alvarado y Teo Alvarado.
Fotografía de la portada, "The Harbour, Prinz Aug. Fredk. en Channel Bocas del Toro, R. P." por G. W. Heron.
Fotografía de la contraportada: Luna llena sobre Bocas, 2023, © Pat Alvarado.
Fotografía en la primera página: Bocas del Toro, 1913, por J. A. Stewart desde la la torre de Tropical Radio Telegraph en Macca Hill.

972.8712
St43 Stephens, Clyde S.
Breve historia de Bocas del Toro : la joya de Panamá / Clyde S. Stephens. -- Panamá : Cecropia Press, 2024.
142 páginas ; 20 cm.

ISBN 978-9962-715-54-2 (Tapa suave)

1. BOCAS DEL TORO (PANAMÁ : PROVINCIA) - HISTORIA. I. Título.
2. Bananas 3. United Fruit Company 4. América tropical
5. Historia tropical 6. Centroamérica 7. History natural

ISBN: 9789962715566, libro electrónico

Cecropia Press
cecropiapress.com

A la memoria del
capitán Larry Mahan
1941 – 2005

Persona extraordinaria,
constructor de barcos de ferrocemento,
estudioso de Bocas del Toro
y de la historia de la familia Snyder.
Siempre estuvo dispuesto a compartir s
us conocimientos y riqueza intelectual.

CONTENIDO

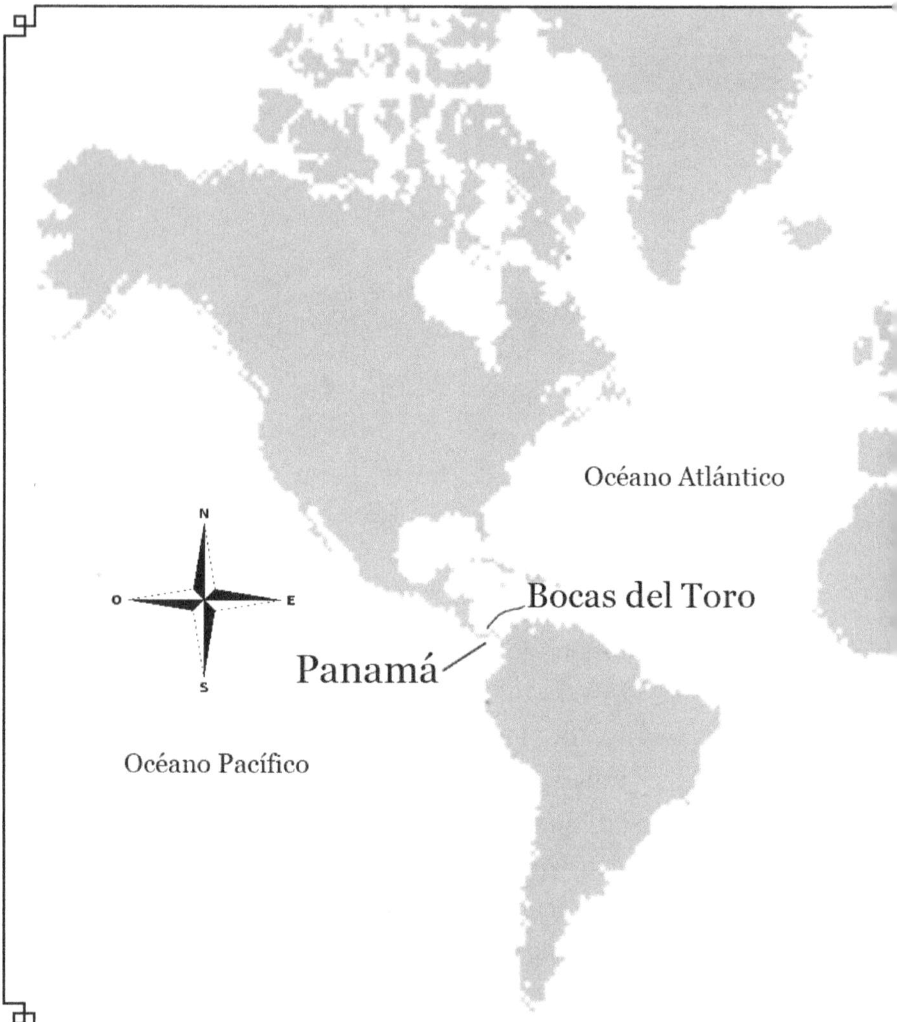
Océano Atlántico
N
O
E
S
Bocas del Toro
Panamá
Océano Pacífico

YUCATAN
PENINSULA
MEXICO
TIKAL
BELIZE
GUATEMALA
BANANERA
LAKE IZABAL
QUIRIGUA
Tapachula
RIO MOTAGUA
GUATEMALA
TIQUISATE
PUERTO BARRIOS
OMOA
PUERTO CORTES
TELA
UTILA
LA CEIBA
PUERTO CASTILLA
TRUJILLO
SAN PEDRO SULA
LA LIMA
PROGRESO
RIO AGUAN
RIO NEGRO
COPAN
RIO ULUA
LAKE
YOJOA
HONDURAS
EL SALVADOR
SAN SALVADOR
TEGUCIGALPA
PUERTO CABEZAS
NICARAGUA
CORINTO
MANAGUA
RAMA
RIO
ESCONDIDO
BLUEFIELDS
RIVAS
PACIFIC OCEAN
LIBERIA
TENORIO
COSTA RICA
PUNTARENAS
SAN JOSE
LIMON
QUEPOS
PALMAR
GOLFITO
COTO
SIXAOLA
CHANGUINOLA
ALMIRANTE
BOQUETE
DAVID

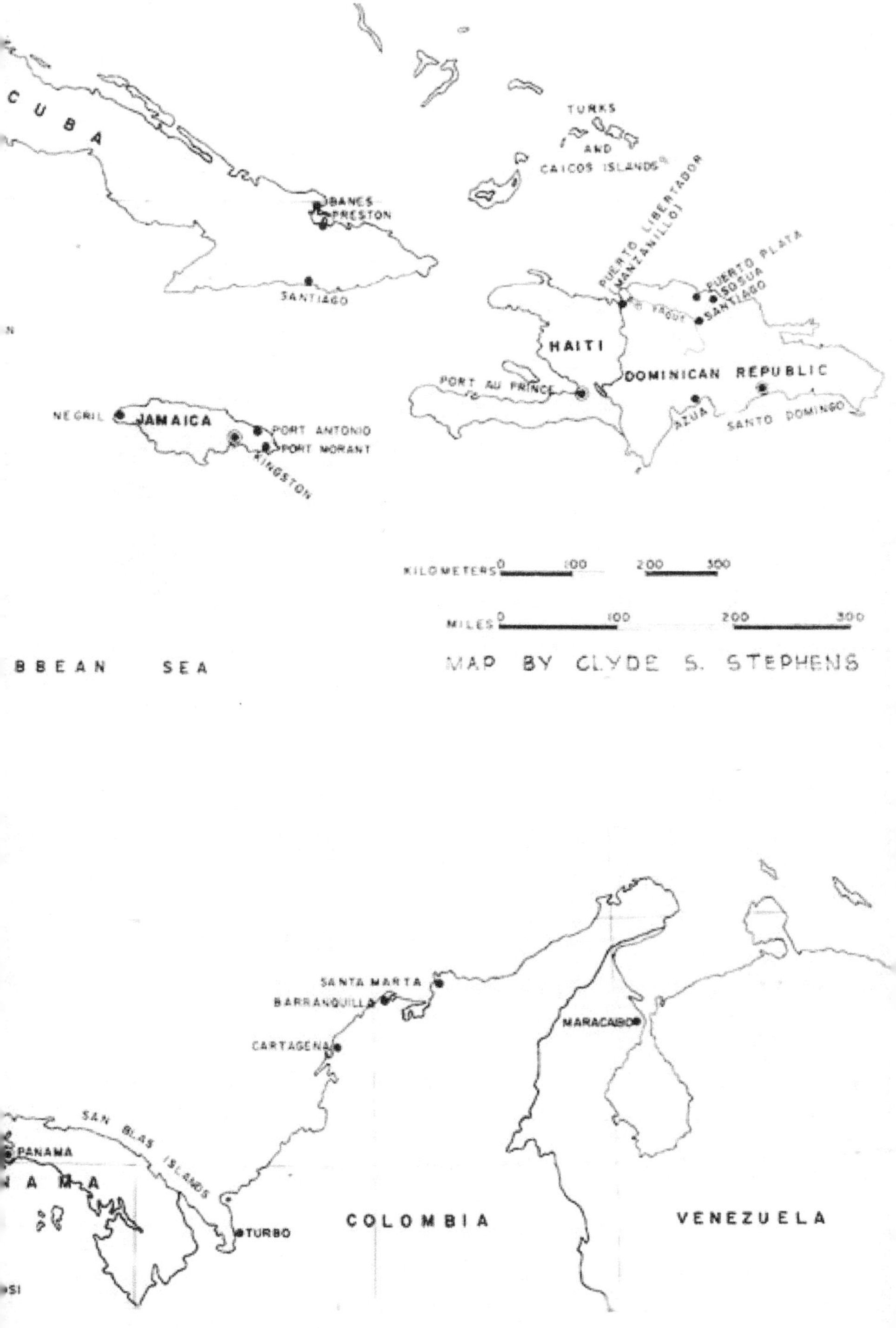
CUBA
BANES
PRESTON
SANTIAGO
TURKS
AND
CAICOS ISLANDS
PUERTO LIBERTADOR
(MANZANILLO)
PUERTO PLATA
SOSUA
SANTIAGO
HAITI
DOMINICAN REPUBLIC
PORT AU PRINCE
AZUA
SANTO DOMINGO
NEGRIL
JAMAICA
PORT ANTONIO
PORT MORANT
KINGSTON
KILOMETERS 0 100 200 300
MILES 0 100 200 300
BBEAN SEA
MAP BY CLYDE S. STEPHENS
SANTA MARTA
BARRANQUILLA
CARTAGENA
MARACAIBO
SAN BLAS ISLANDS
PANAMA
TURBO
COLOMBIA
VENEZUELA

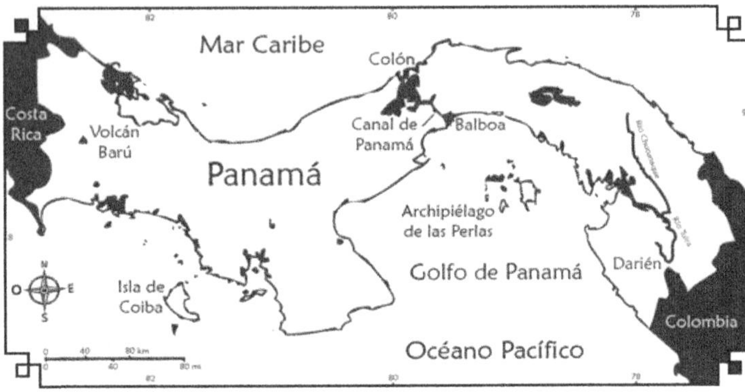

Mar Caribe
Colón
Costa Rica
Volcán Barú
Canal de Panamá
Balboa
Panamá
Archipiélago de las Perlas
Golfo de Panamá
Darién
Isla de Coiba
Colombia
Océano Pacífico
N
O
E
S

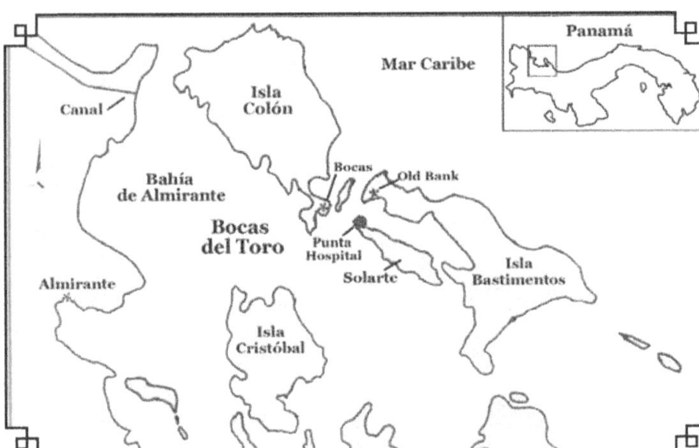

Panamá
Mar Caribe
Isla Colón
Canal
Bahía de Almirante
Bocas
Old Bank
Bocas del Toro
Punta Hospital
Solarte
Isla Bastimentos
Almirante
Isla Cristóbal

Prefacio

UNA DE MIS PREOCUPACIONES como panameño, es que muchos de nosotros no conocemos nuestra propia historia. Nos hemos enfocado en cómo Panamá ha sido siempre una nación, y nos hemos concentrado en nuestros esfuerzos en recobrar el Canal y la antigua Zona del mismo.

Hasta hace una década, muchos de nosotros hemos sido negligentes en la investigación de los numerosos capítulos de la historia de nuestro pequeño pero variado país. Existía una falta de información sobre la llegada de los grupos étnicos a Panamá, sobre que hicieron cuando llegaron, y el impacto que tuvieron en la medicina, la salud pública, las leyes, la aeronáutica, la economía, la ingeniería, la agricultura, y otros campos.

Después de leer recuentos de nuestra historia, he concluido que las regiones más lejanas de Panamá han sido apenas integradas al resto del país, aunque actualmente esto está cambiando. Por ejemplo, hace dos generaciones, Chiriquí no se encontraba plenamente integrada a la república. Los ciudadanos de aquella remota provincia hasta hablaban de la "República de Chiriquí". Sin embargo, cuando la carretera Panamericana conectó a la provincia en la década de 1960, muchas personas del oeste de Panamá migraron hacia Ciudad de Panamá. Los recién llegados seguían siendo orgullosos de ser chiricanos quienes proclamaban que su cédula era "CHE" y que habían nacido fuera del país.

Durante los años de mi juventud, Bocas del Toro, Darién y San Blas (ahora Guna Yala) eran percibidos como áreas remotas del país y como *terra incógnita.* Cuando fui por primera vez a Bocas del Toro a comienzos de 1995, era un área del cual nosotros los panameños conocíamos poco y que nos importaba poco. La provincia era mayormente conocida por las plantaciones de banano en la lejana Changuinola, el aislado puerto bananero de Almirante y la terminal caribeña del oleoducto de Petroterminales en Chiriquí Grande. Actualmente, Bocas del Toro se integra rápidamente al país. Esto es en parte debido a las nuevas carreteras pavimentadas desde Gualaca en el sector Pacífico hasta Chiriquí Grande, Almirante, Changuinola y la frontera internacional en Guabito. Otro factor importante es la explosión tremenda del turismo y del desarrollo en el archipiélago. También, el aumento de la frecuencia del transporte aéreo ha facilitado considerablemente el viajar hacia las islas.

Conocí a Clyde Stephens y a su encantadora esposa Phyllis hace dos años cuando almorzábamos en Ciudad de Panamá. Pero en otro sentido, ya había conocido a Clyde cuando leí uno de sus libros, *Bananeros in Central America*, en ese entonces a la venta en el viejo Hotel Las Brisas. Los veteranos recuerdan este hotel como el Hotel Copa y después como el Botel Thomas.

Como un aficionado de Bocas del Toro, me asombra cuánto conoce Clyde acerca de su hogar adoptivo. De hecho, Clyde conoce más acerca de la provincia, que la mayoría de los panameños. Pero no solo es cuestión de saber cosas acerca de Bocas del Toro; uno puede ver que Clyde verdaderamente ama a la gente, las plantas y los animales del área, y constantemente trata de aprender más. Acerca de esto, obtuve para él un libro en español, *Historia y Sociedad de Bocas del Toro y de la Comarca Ngöbe Buglé del Siglo XV al XXI*, de Amílcar Briceño, el cual sé que Clyde disfrutó enormemente.

La publicación de Clyde es una buena adición a los libros recientes sobre otros lugares del país. A aquellos que leerán este libro, les espera una experiencia iluminadora que aumentará sus conocimientos de la lejana provincia de Bocas del Toro en el oeste panameño.

Juan Ramón Vallarino J.
Ciudad de Panamá,
República de Panamá
Julio 2007

El período precolombino

DURANTE LA ÚLTIMA EDAD de hielo, hace 19,000 años, la costa del Caribe se encontraba alejada a varios kilómetros de donde se encuentra actualmente. Cuando los casquetes polares y los glaciares se derritieron, el nivel del mar subió lentamente, inundando los valles boscosos y las colinas. Las cimas bajas entre las colinas se convirtieron en canales de agua de mar dejando las cumbres como islas y los valles se convirtieron en bahías, tal como la de Almirante. Muchas de las actuales islas y bahías fueron formadas hace más de 5,000 años. Debido al aislamiento genético en estas islas, algunas de las especies nativas evolucionaron en variantes, sub-especies y en especies nuevas, como las que hoy se encuentran en la isla Escudo de Veraguas. Como resultado, gran parte de la flora y fauna de Bocas del Toro llegó a ser única en el mundo.

Los seres humanos llegaron a la región hace aproximadamente 2,000 años, según los datos recopilados en el centro de Isla Colón. Las excavaciones realizadas en Cerro Brujo en la península de Aguacate cerca de Loma Partida descubrieron evidencia de comunidades humanas primitivas fechadas desde hace 1,400 a 1,100 años. Extensos datos de Boca del Drago indican la existencia de asentamientos allí entre 1,200 a 700 años atrás. En Changuinola, un sitio ubicado en Finca 24 contenía artefactos datados desde hace 1,500 a 1,000 años. Un sitio similar al norte de Guabito, cerca del río Sixaola, tiene casi 1,000 años de antigüedad. Artefactos hallados en Pine Creek, un lugar en Punta Hospital en Isla Solarte, confirman la presencia de humanos desde hace 1,000 años. Otros estudios han reportado resultados similares en la isla Bastimentos. Estos hallazgos muestran que los indígenas se adaptaron a las islas y la tierra firme cercana mucho antes de que los europeos llegaran en los años 1500 de la época moderna.

1502 - 1700

CRISTÓBAL COLÓN EXPLORÓ BREVEMENTE algunas de las islas y aguas de la zona por 13 días, del 5 al 17 de octubre en 1502. Contrariamente a las creencias locales, los archivos históricos no confirman que él asignó nombre alguno a los lugares de la región. El explorador estaba en mal estado de salud y desorientado, pero siguió buscando oro y el paso hacia la India. En su carta escrita en Jamaica, fechada el 7 de julio de 1503, Colón menciona un nombre usado por los indígenas para describir la primera bahía en la que entró, hoy la bahía de Almirante. En traducciones y escritos de varios autores aparece como: Carabaru, Caraburu, Caravaró, Caribaró, Carumbarú, Carumbará, Cerabaró, Cerabarún, Ceraborá, Zerabaro y Zorobaró. Al margen de una copia de la carta de Jamaica, el hermano del explorador, Bartolomé Colón, dibujó un mapa mostrando el concepto geográfico del explorador durante su cuarto viaje. América Central estaba marcada como si fuera

Asia, y la región de Bocas del Toro como Carambaru. La laguna de Chiriquí no fue mencionada en la carta de Jamaica, pero otras la llamaron Aburemá, Aburisma, Aburesma y Aburená. La mayoría de los escritores no estuvieron en el viaje y obtuvieron los datos a través de otras fuentes. El hijo de Cristóbal Colón, Hernando, de 13 años, estaba a bordo con su padre y escribió sus crónicas muchos años después.

Cinco tribus indígenas habitaban las islas y tierras de la región, cada una de ellas con su propio idioma. Las tribus doraces, chánguinas, teribes y bribri habitaban la parte noroeste de la región, mientras los guaymíes se ubicaban en Punta Valiente, Cricamola y a las orillas de la laguna de Chiriquí. Las tribus bokota vivían más hacia el este. Las tribus doraces y chánguinas desaparecieron después de la llegada de los españoles. En los años 1600, misioneros españoles practicaron proselitismo entre los teribes, pero fueron expulsados violentamente en los años 1700 después de casi dos siglos de trabajos misioneros. Bucaneros y piratas iban y venían durante este mismo período.

Los intentos españoles para colonizar esta región fueron infructuosos, ya que los nativos desconfiaban de los hispano-parlantes. En los años 1700, invasores miskitos provenientes del Reino de la Mosquitia en las costas de Nicaragua y Honduras cobraban tributos aquí, y se llevaban indígenas locales como esclavos. Hacia el final de los años 1700, aparecieron varios colonos ingleses con sus esclavos.

Los años 1800

ALREDEDOR DE 1820, ALGUNOS pescadores provenientes de la Isla del Maíz, y las islas de Providencia y San Andrés, se asentaron en Old Bank en la isla Bastimentos. Americanos y británicos del Caribe comenzaron a explorar y a vivir en las islas y costas con sus esclavos. Existen registros de actividades comerciales de británicos en la década de 1820 entre Punta Valiente, Bluefields, el río Cricamola y Old Bank. Orlando Roberts comerció, exploró y vivió con los guaymíes del río Cricamola, y publicó sus experiencias en 1827. Gran parte de Bocas del Toro, incluidos el Escudo de Veraguas, Punta Valiente y la laguna de Chiriquí, fue reclamada por Costa Rica a mediados del siglo XIX. En las décadas de 1850 y 1860, hubo varias propuestas irreales de planificadores estadounidenses, británicos y franceses para construir un canal con esclusas o un ferrocarril desde Bocas del Toro hasta el Pacífico.

Algunos pobladores de raza negra originarios de las Indias Occidentales se asentaron en Bocas del Toro después que se completó la construcción del ferrocarril de Panamá en 1855. A excepción de los indígenas, la mayoría de los habitantes hablaban inglés. Los guaymíes de Punta Valiente aprendieron un inglés chapurreado de la gente procedente del Caribe, de comerciantes británicos, norteamericanos, jamaiquinos, misioneros y gente negra de las Indias Occidentales.

Muchos guaymíes se volvieron trilingües, hablando inglés-guariguari, español y guaymí. Algunos adquirieron nombres ingleses como Trotman, Baker, Smith, Jesse, Julian, Thomas, Taylor, Surgeon, Ellington y Hooker. El comercio principal era de cocos, cacao, zarzaparrilla, vainilla, tortugas y sus caparazones, que se cambiaban por machetes, telas, anzuelos, bisutería y ron. Ya por los años 1870 aparecen algunas lápidas en inglés y español en los cementerios de Boca del Drago y Bocas del Toro.

Este controvertido mapa provocó graves disputas políticas y fronterizas y guerras entre Costa Rica y Panamá.

Los años 1880

PEQUEÑAS PLANTACIONES DE BANANO comenzaron a aparecer alrededor de la bahía de Almirante y la laguna de Chiriquí. Boca del Drago era una comunidad activa en el comercio del coco. Se incrementó el tránsito de veleros y pequeños barcos a vapor. Solamente unos pocos colombianos de habla hispana vivían ahí en ese entonces. Jochen Ludwig Heinrich Hein, un alemán, comenzó el comercio del banano en la laguna de Chiriquí a finales de los años 1880. Michael Theodore Snyder llegó en 1889 para iniciar la plantación bananera. Cuando el canal francés fracasó en 1889, algunos de los trabajadores varados se fueron a Bocas del Toro. Un francés, Louis Victor Georget, llegó por aquella época para cosechar banano en Bluefields en Punta Valiente.

Los años 1890

J. L. H. HEIN sembró más bananos y se convirtió en un terrateniente con muchas propiedades esparcidas por las islas y en el continente. Los sembradores de banano ampliaron los cultivos con la variedad Gros Michel. Un joven norteamericano, Michael Theodore Snyder, se casó con Seveline E. Matthews en 1890 en Finca Útica, en la isla Bastimentos. Michael Snyder, junto con dos de sus hermanos, Louis Charles Snyder y Joseph Alfred Snyder, formaron la Snyder Brothers Banana Company, estableciendo sus cultivos en los terrenos aluviales cerca de la laguna de Chiriquí, en Cricamola, Chiriquí Grande, Chiriquicito, Robalo, Uyama, Caucho y Monkey Cay a mediados de los años 1890.

El puerto de Bocas del Toro era el centro de actividad en la provincia. La pujante ciudad creció rápidamente sobre insalubres manglares pantanosos. Los edificios se conectaban mediante pasarelas de madera sobre el agua. La malaria, la fiebre amarilla y otros padecimientos se propagaron desenfrenadamente. Los incendios causados por estufas de leña provocaron grandes pérdidas. Mercaderes alemanes con nombres como Hein, Dolder, Grabowski, Kroesman, Braden, Gerchow, Leer, Dorffer, Knoepfel, von Wedel, Broderson, Friese, Kandler, Lange, von Schneider, Hertz y Hagenbarth llegaron a Bocas del Toro. El cementerio alemán se estableció en Macca Hill donde enterraban a los extranjeros. Uno de los primeros entierros fue el de Jochen Ludwig Heinrich Hein. Su elaborada lápida, inscrita en alemán, llevaba las fechas 1838 – 1896. Otras tumbas fueron marcadas en inglés y francés, pero ninguna en español. Bocas del Toro, Colombia, se estaba convirtiendo en un lugar con una mezcla internacional de inmigrantes provenientes de muchas tierras.

En 1895, el asesor de impuestos del distrito de Bocas del Toro, provincia de Colón, Colombia, tasó las casas a un 0.3% de su valor. A la casa de Luis H. Hein (J. L. H. Hein) se le impuso un impuesto anual de $99.90, basado en una valoración de la vivienda de $33,300. Había 19 casas a nombre de su esposa, Johanna Hein, con un valor total de $117,900. Ninguna propiedad estaba a nombre de Emma Hein, la hija de ambos. Abel Bravo era dueño de cinco casas valoradas en $22,600.

Cuando J. L. H. Hein falleció en Bocas del Toro en 1896, su hija Emma heredó muchas de las propiedades de su padre en esa ciudad. Ella era la esposa del ingeniero Abel Bravo, al cual se le otorgó poder legal para vender la totalidad de las propiedades de su esposa a la Snyder Banana Company en 1899 por $30,000 en oro americano, o 72,000 pesos colombianos de plata. Esta venta incluía cientos de hectáreas de tierras, plantaciones de banano, botes, casas, líneas de tranvía y tiendas. Se incluían bienes en el río Guarumo, Chiriquicito, Chiriquí Grande, río Uyama, Fish Creek, Manatí Creek, río Viara, río Daira, río Cricamola, Big Creek en Isla Colón, Cayo Carenero y el río Changuinola. Emma Hein de Bravo estaba inscrita como residente de Ciudad de Panamá, Colombia, y Abel Bravo como residente de Madrid, España. Bravo hizo contribuciones notables como agrimensor, ingeniero, diplomático, educador y planificador de la nueva ciudad de Bocas del Toro.

Otros inversionistas bananeros también llegaron a Bocas. En 1898, Minor C. Keith, constructor de ferrocarriles y magnate bananero radicado en Costa Rica, adquirió el control del negocio de los Snyder y cambió el nombre a Snyder Banana Company, pero los hermanos conservaron algunas de sus acciones bajo el nuevo nombre. Los Snyder, y probablemente Keith, firmaron un acuerdo con Colombia en 1899 para construir un canal de 29 kilómetros de largo desde la bahía de Almirante hasta el río Sixaola. La primera fase se excavó hasta el río Changuinola y se terminó en 1903. La segunda fase fue un ferrocarril, en lugar de un canal, desde Changuinola hasta el río Sixaola.

Ese año, Minor Keith entró en mora y se vio obligado a unirse a un competidor rival, la Boston Fruit Company. La participación mayoritaria de Keith en la Snyder Banana Company formó parte de la fusión, pero no incluía las acciones privadas restantes de los hermanos Snyder. La nueva fusión se denominó United Fruit Company, y abrió una oficina en la ciudad de Bocas del Toro. Aunque Keith fue relegado a vicepresidente de la nueva empresa, siguió controlando las operaciones tropicales. La United Fruit Company compró entonces las acciones restantes a los hermanos Snyder. Dos de los hermanos luego partieron de Panamá.

También en 1899, los hermanos Snyder y Minor Keith construyeron un hospital en Nancy's Cay (Isla Solarte), con el fin de tratar la malaria, la fiebre amarilla y los numerosos otros padecimientos tropicales, así como otros problemas médicos. Punta Hospital, bajo la tutela de la United Fruit Company, llegó a ser un gran centro médico pionero para los empleados bananeros y el público en general.

La disputa fronteriza entre Costa Rica y Colombia continuó a lo largo del río Sixaola. Se incrementaron los viajes a pie sobre el único camino que cruzaba las montañas desde Caldera, en la provincia de Chiriquí, hasta Chiriquí Grande en el sector del Caribe. El inglés era un idioma de uso común en Bocas del Toro, pero los inmigrantes de Chiriquí aumentaron el uso del español. El marchitamiento *Fusarium* (mal de Panamá), una enfermedad devastadora ocasionada por un hongo, infectó las fincas en Chiriquicito cerca de Chiriquí Grande y se propagó rápidamente a otras plantaciones. La United Fruit Company dominaba las actividades regionales y se extendió rápidamente por toda la región.

1900 - 1905

EN 1899, MICHAEL SNYDER comenzó la construcción del canal desde Boca del Drago al río Changuinola, permitiendo el desarrollo de la zona de Changuinola. El canal original de Snyder, al sur de Punta Donato, fue abandonado por ser demasiado pantanoso. Un nuevo canal se empezó más cerca de Boca del Drago en tierra más firme, entre la playa y el pantano. Snyder permaneció bajo contrato con la United Fruit Company con el propósito de finalizar la construcción del canal para 1903 a cambio de medio millón de dólares en oro al completar el proyecto. Este monto también incluía la venta de sus tierras, plantaciones, líneas férreas, edificaciones, ganado y otras propiedades en Changuinola. Mientras tanto, la numerosa familia Snyder vivía en una mansión en la ciudad de Bocas del Toro. A pesar de su riqueza e influencia, Snyder no pudo enviar a sus hijos a las escuelas segregadas para blancos del sur de Estados Unidos. Estudiaron en el Spelman College de

Atlanta para alumnos de color o mestizos. Sus hijos asistían a escuelas en Escocia, Inglaterra y Francia, donde algunos de ellos se casaron. Poco después de completarse el canal, Snyder se fue de Bocas del Toro para dedicarse a la construcción de ferrocarriles y los negocios bananeros en otros lugares.

Un artículo en *Leslie's Weekly* reportó 5,793 acres (2,344 hectáreas) de banano en Chiriquicito en 1901. Las exportaciones mensuales eran de 60,000 racimos de fruta. La fuerza laboral tenía 800 hombres, en su mayoría jamaiquinos quienes ganaban 60 centavos al día. Algunos trabajadores hispanos e indígenas ganaban 25 centavos al día. Una vía férrea de 42 kilómetros de largo cruzaba el valle del río Guarumo y tenía tres locomotoras a vapor, las cuales jalaban vagones con banano hasta el muelle de Chiriquicito cerca de Chiriquí Grande. Uno de los puentes sobre el río media 113 metros de largo. Esta empresa fue creada por J. L. H. Hein, después fue vendida a la Snyder Brothers, quien luego la vendieron a la United Fruit Company. El artículo mostraba siete fotografías de estas operaciones bananeras, incluyendo lanchones planos para uso fluvial y vagones de ferrocarril cargados con banano en Chiriquicito y los ríos Uyama y Caucho. Para coordinar la cosecha de la fruta y el embarque, las órdenes llegaban por un mensaje vía cable a Limón, Costa Rica, y luego eran llevadas hasta Bocas del Toro en un *cayuco*, a 97 kilómetros de distancia. El mensaje avisaba a los cosechadores cuándo podían esperar la llegada de un barco. Este precario sistema de comunicación fue sustituido en 1904 por una nueva señal inalámbrica por medio de una alta torre que se construyó en el cerro Macca, en Bocas del Toro.

Luis Carl Russell nació en Cayo Carenero en 1902. Estudió música en Panamá, se ganó $3,000 en la lotería nacional y se fue a los Estados Unidos donde comenzó su carrera como pianista de jazz con su famoso conjunto musical. Tocó con Louis Armstrong en las décadas de 1920 y 1930.

Herbert McConnell, de Camors, McConnell & Company, también realizaba operaciones bananeras en el área. McConnell intentó desarrollar plantaciones a ambos lados del río Sixaola, que formaba la frontera internacional en contención. Su nueva compañía, la American Banana Company, trató de construir un puerto en Gandoca, Costa Rica, pero el gobierno de aquel país confiscó sus bienes y él lo perdió todo en 1903. Su compañía original continuó operando en Bocas del Toro bajo el control de la United Fruit Company. McConnell mantuvo sus oficinas centrales en Cayo Carenero.

Bajo la United Fruit Company, las plantaciones y operaciones bananeras en Changuinola se expandieron con más bananos, ferrocarriles, puentes, edificaciones e infraestructura. Debido a que el puerto de Almirante aún no existía, todos los materiales y la mano de obra eran transportados por el nuevo canal hasta Changuinola. Para coordinar el tráfico de barcazas y los cargamentos de fruta, una línea telefónica corría paralela al canal. Todos los bananos de Changuinola se transportaban en barcazas por el canal hasta Knapps Hole, hoy en día Starfish Beach, cerca de Boca del Drago, para su traslado a los barcos. Estos primeros barcos bananeros acarreaban alrededor de 17,000 racimos de fruta y debían partir hacia Bocas del Toro para tramitar su salida del país. Knapps Hole contaba con un taller mecánico y una línea de tranvía que llegaba hasta la comunidad de abastecimiento de Boca del Drago.

La lucha de Panamá por su independencia de Colombia ocurrió en la Guerra de los Mil Días. Un periodista norteamericano del *Collier's Weekly* reportó en 1901 cómo Punta Hospital quedó atrapada en el fuego cruzado entre los Conservadores y los Liberales. Carlos Reid describió ataques sangrientos a su familia y a los vecinos de las islas, así como la matanza de soldados colombianos en Punta Peña en Chiriquicito. La independencia de Panamá llegó finalmente el 3 de noviembre de 1903 y la nueva provincia de Bocas del Toro se estableció trece días más tarde. El departamento médico de la United Fruit Company vacunó a 7,000 personas durante el brote de viruela en 1903.

El 6 de marzo de 1904, un incendio que empezó en la bodega de Adolf Dolder & Co., arrasó 130 edificios, con pérdidas estimadas en $351,880. La tripulación del barco de guerra alemán *Falke*, fue elogiada por sus esfuerzos voluntarios en la lucha contra el fuego.

El 24 de marzo de 1904, oficiales del nuevo gobierno panameño viajaron en lancha 13 horas durante la noche desde Colón, con el fin de visitar a Bocas del Toro. El 29 de marzo regresaron a Colón a las seis de la mañana en el buque *Mount Vernon*, que fue proporcionado por la United Fruit Company. En Bocas del Toro, sus anfitriones fueron Minor Keith de Costa Rica, John Morgan Kyes, el gerente local de la United Fruit Company quien residía en Punta Hospital en Isla Solarte, y Herbert Leer, un alemán, administrador de la Compañía. El grupo visitó la oficina de la United Fruit Company en la ciudad de Bocas del Toro, recorriendo después el nuevo hospital en Isla Solarte junto con el director médico, el doctor Robert Earl Swigart. Luego viajaron hasta Changuinola a través del recientemente estrenado canal Snyder. La delegación consistía de los siguientes ministros y secretarios de la nueva República de Panamá: Tomás Arias, F. V. de la Espriella, Julio J. Fábrega, Manuel Quintero V., Luis de Roux, F. Mutis Durán, Federico Boyd e hijo, y Juan José Díaz, primer gobernador de la provincia. Los visitantes se alojaron en el nuevo hospital.

El 26 de marzo de 1904, la delegación gubernamental de visita envió un telegrama cordial al gobierno de Costa Rica, recibiendo una amistosa respuesta al día siguiente. La comunicación se envió a Limón, Costa Rica a través de la nueva torre telegráfica inalámbrica de la Compañía, construida en el cerro Macca de Bocas del Toro. Este fue el comienzo de una red de comunicaciones que se expandió por todo el Hemisferio Occidental, y que luego se conoció por el nombre de Tropical Radio Telegraph Company.

Minor Keith y los ministros acordaron un nuevo plan urbano para la ciudad de Bocas del Toro que incluiría un diseño más lógico de calles y edificios, un parque central, un sistema de cloacas y un muro de concreto bordeando la costa con el fin de contener material de relleno que sería bombeado del fondo de la bahía. El ingeniero francés M. H. Payroutet, por parte de la United Fruit Company, junto con su personal, trabajarían en conjunto con Harmodio Arosemena, el ingeniero del gobierno, y Abel Bravo, el diseñador de la ciudad, en esta gigantesca reconstrucción de toda la ciudad, que tomaría muchos años para terminarse.

La delegación gubernamental discutió cambiar el nombre inelegante de Bocas del Toro a Provincia del Almirante. Otro punto de discusión fue el estado legal de la propiedad de lotes en Bocas del Toro en donde el reciente incendio destruyó numerosas viviendas y negocios.

Un informe detallado de este viaje apareció en el diario *La Estrella de Panamá* el 1 de abril y el 6 de junio de 1904. El periódico reportó que se cultivaban 3,051 hectáreas (7,539 acres) de banano en Chiriquicito (Chiriquí Grande) y otras 4,695 hectáreas (11,602 acres) en Changuinola. Unos 4,500 empleados figuraban en las planillas de la United Fruit Company y, en febrero de 1904, se pagaron $140,000 en salarios. Bajo la supervisión del ingeniero Payroutet, se habían completado 14 de los proyectados 97 kilómetros del ferrocarril.

La Compañía operaba 40 lanchas de gasolina como remolcadores de barcazas. Cada lancha podía remolcar dos o tres barcazas, y cada una de ellas cargaba entre 500 y 700 racimos de banano. Esta fruta era transferida a barcos que esperaban fondeados en la bahía de Almirante. Cada barco almacenaba entre 17,000 y 20,000 racimos. En febrero de 1904, la Compañía exportó 210,000 racimos de bananos desde Bocas del Toro, incluyendo 70,000 racimos comprados a productores privados de la zona.

1905 - 1910

SE PUBLICABAN TRES PERIÓDICOS en Bocas del Toro: *El Telégrafo*, *El Ciudadano* y *The Central American Express*. El último de estos, que fue fundado en 1904, estaba impeso en inglés y español.

Tras un brote de fiebre amarilla en Nueva Orleans en 1905, se culpó a los barcos bananeros y a su carga de la epidemia. Para demostrar que esta creencia del público no era válida, el barco de la United Fruit Company, el SS *Anselm*, llegó a Bocas del Toro el 30 de enero de 1906 con médicos procedentes de Nueva Orleans, Mobile y otros puertos del Golfo de México. Este numeroso grupo fue reunido por el gerente local, Sheppard G. Schermerhorn, quien demostró a satisfacción de las autoridades sanitarias que los barcos bananeros no eran portadores de la fiebre amarilla.

El gobierno panameño autorizó a la United Fruit Company a construir el muelle en Almirante en 1906. El nuevo puerto se inició con la construcción de un muro de contención alrededor del manglar pantanoso, y el bombeo de arena, coral y lodo del fondo de la bahía, tal y como habían hecho los ingenieros en la ciudad de Bocas del Toro. Una vez terminado el muelle, se comenzó la construcción del ferrocarril a Changuinola. Los barcos bananeros comenzaron a atracar en 1908. Previamente, los materiales para los puentes en Changuinola fueron acarreados en barcazas vía el canal Snyder. Después de terminados los puentes sobre los ríos Changuinola, San San y Sixaola, se les colocó una placa metálica con la leyenda: *Built by Baltimore Bridge Company, 1908*, identificando así al constructor. Cuando el ferrocarril de Almirante llegó a Changuinola, todo el tráfico fue desviado del canal directamente hacia Almirante, de manera que el canal ya no era necesario. Se construyeron vías férreas y se establecieron nuevas plantaciones en el sector costarricense de la frontera en disputa.

En 1909, algunas de las operaciones y oficinas de la United Fruit Company en la ciudad de Bocas del Toro fueron reubicadas al nuevo puerto de Almirante. El mal de Panamá se había propagado a todas las fincas bananeras de la provincia. Las plantaciones en la región de la laguna de Chiriquí fueron abandonadas y luego se sembraron con cacao o la selva volvió a crecer sobre ellas.

Miles de trabajadores llegaron de las islas del Caribe, especialmente de Jamaica y de las islas de habla francesa de Haití, Guadalupe y Martinica. En el año fiscal de 1908-1909, un total de 582 pacientes blancos fueron admitidos al hospital de Isla Solarte, y nueve de ellos fallecieron, comparado con 3,155 pacientes negros de los cuales murieron 91. Un tercio de los pacientes padecían de malaria. En los dispensarios médicos de la Compañía fueron tratados 18,508 empleados, los cuales representaban 55 nacionalidades. El último caso mortal de fiebre amarilla fue en 1906. La United Fruit Company fue un líder en la sanidad pública tropical, incluso antes de que se construyera el Hospital Gorgas en la Zona del Canal de Panamá.

1910 - 1915

UNA ENFERMEDAD DE LOS cocoteros, probablemente diseminada por insectos vectores, arrasó el comercio de la copra. Alemanes, italianos, españoles, libaneses, franceses, estadounidenses, chinos, jamaicanos, canadienses y británicos se establecieron en varios negocios en Bocas del Toro. Esto motivó el establecimiento de cinco consulados extranjeros en la isla principal; Estados Unidos, Gran Bretaña, Alemania, Francia y Costa Rica. El censo de Panamá de 1911 contabilizó 208 chinos en la provincia. La mayoría eran mercaderes en los pueblos y asentamientos asociados con la industria del banano. En 1912, la United Fruit Company adquirió propiedad en Macca Hill que perteneció anteriormente a J. L. H. Hein.

John Kyes se trasladó de su residencia en Punta Hospital en 1912 a la nueva casa del gerente en Almirante. Se trasladaron más actividades de Bocas del Toro a Almirante. La recuperación de terrenos de los manglares en Almirante continuaba mediante el dragado de los pantanos y la extracción de arcilla y grava de las colinas circundantes. Se estabilizó el suelo del pueblo pavimentando la superficie con piedras del río Changuinola. Muchos de los trabajadores que hablaban un "patois" afrancesado residieron con sus familias en Almirante, y el sector donde vivían fue conocido como Patois Town. Los de habla inglesa los apodaban "Frenchies".

Con el estallido de la Primera Guerra Mundial en 1914, los alemanes se volvieron aprensivos sobre su futuro. El patriotismo británico, francés y estadounidense se manifestó públicamente, de forma vocal y explícita. A pesar de este ambiente anti-alemán, la mayoría permaneció y continuó su vida en Bocas del Toro. Aunque los estadounidenses no declararon la guerra hasta 1917, estaban preocupados por la posibilidad de que los alemanes sabotearan el nuevo canal de Panamá, recién inaugurado en 1914. Como medida de precaución, los agentes estadounidenses vigilaron a alemanes, prusianos, miembros del Imperio Austrohúngaro y diversas personas del vasto Imperio Otomano residentes en Panamá.

La United Fruit Company tenía 6,500 empleados. Los norteamericanos ocupaban los trabajos que exigían mayor pericia así como los altos puestos administrativos. En 1914, la terminación del túnel ferroviario Bratsi en el sector costarricense del río Sixaola, permitió la expansión hacia la parte superior del río Sixaola y el valle de Talamanca, a 100 kilómetros del puerto de Almirante. Guabito se convirtió en un centro de actividades de las operaciones bananeras. El Pioneer Social Club of Guabito fue fundado en ese año. El mal de Panamá continuaba arrasando las plantaciones de Changuinola. Las tierras bananeras afectadas fueron convertidas en fincas de cacao y ganaderías. Un nuevo edificio fue construido en Punta Hospital para alojar quirófanos, una farmacia, un laboratorio médico y una oficina.

Muchos de los proyectos de relleno y construcción en Almirante fueron suspendidos debido al comienzo de la Primera Guerra Mundial, y centenares de empleados quedaron sin trabajo. En 1915, los submarinos norteamericanos realizaban actividades en la bahía de Almirante y hacían prácticas con torpedos. La aviación se inició cuando un hidroavión Glenn Curtiss aterrizó en el agua cerca de Almirante. La Compañía construyó también una planta generadora para proveer iluminación eléctrica a Almirante. La fábrica de hielo del puerto producía bloques de 45 kilos para la refrigeración.

1915 - 1920

EN MAYO DE 1915, una plaga de saltamontes bajó por la costa caribeña de Costa Rica. Millones de estos insectos devastaron fincas bananeras y destruyeron todo el follaje en Almirante, dejando jardines y árboles totalmente baldíos. A la vez, había gran entusiasmo por la construcción de una carretera desde Almirante sobre la montaña hasta Boquete, pero el plan fue cancelado. La carretera fue una fantasía patriótica y murió de muerte natural. El trazado en mente era imposible, además de que no había necesidad económica ni dinero para semejante proyecto. La Primera Guerra Mundial había comenzado en 1914 y fue sin duda un factor, aunque EE.UU. no declaró la guerra hasta 1917. Otro factor importante fue la apertura del Canal de Panamá en 1914, y los Estados Unidos estaban muy preocupados por la seguridad. Todos estos factores detuvieron el camino soñado hacia Boquete.

En 1916, un fuerte terremoto dejó graves daños en Bocas del Toro, provocando el hundimiento de algunas zonas bajas en Cayo Carenero y otras áreas pantanosas de la provincia. El ferrocarril de Changuinola tenía 407 kilómetros de largo con un ancho de vía de una yarda. Se extendía desde Almirante a las fincas de Changuinola, ambos lados del río Sixaola y hasta el valle de Talamanca.

Los cines en Bocas del Toro y Almirante eran populares. Equipos de béisbol competían en la liga de la United Fruit Company en Panamá y en Costa Rica. El béisbol era un juego norteamericano, pero los habitantes oriundos de las Indias Occidentales estaban más orientados a los juegos de origen británico, así que jugaban al críquet en Isla Solarte, Bocas del Toro, Almirante, Changuinola y Guabito. La pesca y la caza eran actividades recreativas; la caza de aves en Swan Cay era considerada un deporte en aquel entonces. En la década de 1920, las carreras de caballos eran populares en la playa de Bocas del Toro y en Blair Park, en Guabito. Durante la misma década también se jugaba el polo y el golf en Finca 6 cerca del cauce antiguo del río Changuinola. Cada uno de los distritos bananeros tenía un club social. Otros pasatiempos eran el tenis, las barajas, tirar dados de chingona por tragos, el billar, así como las cenas y los bailes.

Dos altas torres de telégrafo inalámbrico fueron construidas en Almirante para las comunicaciones internacionales gerenciales a todo nivel, y para mantener contacto con agencias involucradas en las cosechas, los embarques y el mercadeo, así como con los barcos en alta mar. En 1916, la Guabito Banking & Mercantile Company fue formada. Más incendios causados por estufas de leña devastaron la capital de la provincia en los años 1904, 1907 y 1918.

En 1917, los alemanes y sus aliados que vivían en Bocas del Toro y en todo Panamá fueron detenidos por la policía panameña y entregados al ejército estadounidense. Tras su detención en la isla de Taboga, los hombres y sus familias fueron enviados a los Estados Unidos y recluidos en campamentos. Algunas de las esposas e hijos eran panameños. Una vez finalizada la guerra en 1918, estos prisioneros regresaron a sus hogares en Panamá al año siguiente solo para descubrir que sus negocios o fincas habían sido apropiados o saqueados.

En 1918, el doctor William E. Deeks, director médico corporativo, reportó que diez de los médicos de la United Fruit Company dejaron la empresa para enlistarse para la Primera Guerra Mundial. Entre ellos figuraba el director médico de la Compañía, el doctor I. W. McLean, de Punta Hospital. También en 1918, una planta eléctrica fue instalada por W. E. McLaren en Punta Hospital con el fin de proveer iluminación para las 16 estructuras del centro médico. No fue sino hasta 1926, que el gobierno de Panamá contrató a Carl Friese, un mercader alemán, para instalar una planta eléctrica en Bocas del Toro.

Henry Stirling Blair, nacido en 1876 en Irlanda del Norte, llegó a Almirante en 1919 después de cumplir asignaciones en Honduras, Costa Rica y Santa Marta,

Colombia. Era graduado de la Universidad de Harvard en Artes Liberales en 1908, uniéndose a la United Fruit Company en 1909. Blair fue gerente de la United Fruit Company durante los desarrollos expansivos en el valle de Talamanca hasta 1927. Su hijo, Stirling, nació en el hospital de Almirante en 1921.

1920 - 1930

PUNTA HOSPITAL FUE CONSIDERADO un lugar remoto y de difícil acceso. Todas las operaciones y desarrollos se hallaban ahora en tierra firme, desde Almirante hasta Changuinola y ambos márgenes del río Sixaola, así como en el lejano valle de Talamanca en Costa Rica. Por ende, se construyó un hospital nuevo en Almirante, que abrió sus puertas en 1920. Al mismo tiempo cerraron Punta Hospital después de dos décadas de proveer servicios médicos modernos a decenas de miles de pacientes. Los edificios del centro médico de la isla fueron desmantelados y utilizados en otros lugares.

Un barco de la Black Star Line, el *General George W. Goethals*, atracó en el muelle de Almirante en 1920, causando preocupación en la gerencia de la United Fruit Company y en los trabajadores. El jamaicano Marcus Garvey y su Asociación Universal para el Mejoramiento del Negro organizaron el movimiento Nueva Etiopía. Él promovía y vendía pasajes para afroantillanos para regresar a África. Esto causó inquietud entre los trabajadores del banano pero no tuvo una acogida exitosa. Este barco hizo escalas en Kingston, Limón, Colón y otros puertos donde existían grandes poblaciones de afroantillanos.

Maestras norteamericanas enseñaban en las escuelas de Guabito, Changuinola y Almirante en los años 1920.

Como respuesta a la invasión panameña del río Coto en la costa Pacífica, soldados costarricenses secuestraron un tren bananero en Sixaola y capturaron a Almirante en marzo de 1921. Dos barcos navales norteamericanos de la Zona del Canal hicieron acto de presencia en Almirante. El gerente Henry Blair ayudó en la negociación de un acuerdo pacífico, recibiendo a los oficiales costarricenses y panameños en su casa. Después de serias conversaciones y de la "diplomacia del *highball*", los invasores accedieron a subir a bordo de un barco y regresar a Limón, Costa Rica. La disputa de límites entre los dos países se mantuvo hasta 1941.

A consecuencia de las grandes inundaciones a principios de la década de 1920, el río Changuinola cambió de curso, dirigiéndose directamente al mar por el ramal de Tarpon Branch. Luego, más inundaciones cerraron el antiguo curso del río que corría por la zona central de Changuinola. Entre 1922 y 1926, Jerry Baron, Bill Dugan y Charlie Parrish usaron Almirante como su base para la exploración de suelos en numerosos valles y riberas en Nicaragua, Costa Rica, Panamá, Colombia y

Ecuador. Viajaban en el *Talamanca*, un barco de vela y motor de la Compañía. Jerry Baron mantuvo un diario detallado de estas exploraciones. En 1923, Harry Peck y Jerry Baron viajaron desde Bocas del Toro para iniciar exploraciones en Tonosí, en el sector del Pacífico de Panamá. Eventualmente se compraron más de 40,000 hectáreas (98,842 acres) para una nueva división bananera, con el fin de reemplazar las plantaciones muertas en Bocas del Toro. Nunca sembraron bananos en Tonosí, pues la Compañía decidió desarrollar Puerto Armuelles, en Chiriquí, en 1927.

El mal de Panamá forzó la expansión en ambos lados del río Sixaola. El valle de Talamanca en Costa Rica estaba en su apogeo de producción bananera durante la década de 1920, con Suretka como su base de operaciones para la cabeza de riel, talleres mecánicos, y las plantaciones y fincas ganaderas. Las fincas y ferrocarriles en los ríos Coen y Telire en Talamanca se encontraban a 100 kilómetros de distancia del puerto de Almirante. Una línea telefónica que cruzaba las montañas del valle de Talamanca hasta las plantaciones del valle del río Estrella conectaba con Limón y San José, Costa Rica. Un camino lodoso cercano utilizado por mulas, permitía a los viajeros ir montados o a pie desde Talamanca hasta Atalanta en el valle del río Estrella, para poder tomar un tren hacia Limón y San José. Por tal motivo, era posible viajar por tierra desde Almirante hasta San José, Costa Rica, en dos o tres días. Las inundaciones constantemente destruían plantaciones, líneas férreas y puentes.

De 1922 a 1929, el doctor Vining C. Dunlap encabezó el Departamento de Investigación Agrícola de Changuinola en Finca 6. Otros científicos en el departamento fueron los doctores Fred Carlton, Alexander Skutch, Joseph H. Permar y F. R. Swift. Los doctores Otto A. Reinking y Dunlap recolectaron numerosas variedades de bananos y abacá de islas del Pacífico y del sureste de Asia. Estas colecciones se sembraban temporalmente en Flat Rock, Isla Colón, como medida de cuarentena. Irónicamente, es probable que uno de los insectos nocivos más importantes del banano, el trips de la mancha roja, fue introducido por allí. La propiedad de la Compañía en Flat Rock constaba de 527 hectáreas (1,302 acres). Después de la cuarentena, estas colecciones de plantas se llevaron a terrenos designados en Changuinola para su estudio. C. E. Moore y su esposa estuvieron involucrados en el primer programa de mejoramiento genético del banano por medio del método de polinización cruzada. En 1929, la United Fruit Company empezó a desactivar la División de Bocas del Toro y cerró el Departamento de Investigación Agrícola. Las variedades de abacá y banano fueron llevadas a los Jardines Botánicos Lancetilla, en Tela, Honduras. El personal científico también fue trasladado fuera de Bocas del Toro.

La Sinclair Oil Company realizó perforaciones en búsqueda de petróleo en el valle de Talamanca y en Big Bight en Isla Colón en 1923 y 1924. Los resultados de sus hallazgos no se hicieron públicos.

Río arriba del puente del río Changuinola, un brazo mayor del mismo formaba el río San San, el cual inundó fincas y destruyó puentes y ferrocarriles desde las colinas hasta el pantano del mismo nombre. En 1925 y 1926, la United Fruit Company bloqueó totalmente el brazo del río mediante una represa cerca de las colinas, convirtiendo al San San en un río muerto.

En 1926, un tren de pasajeros llegaba diariamente hasta Almirante desde las fincas de Las Delicias a lo largo de la parte superior del río Sixaola del lado de Panamá. También pasó otro tren de pasajeros desde los ríos Lari y Telire en el extremo del valle de Talamanca en Costa Rica, una distancia de casi 100 kilómetros. Este servicio permitía a la gente visitar el hospital de Almirante, comprar en los comisariatos, o conectar con la lancha a Bocas del Toro.

A medida que las fincas bananeras se morían del mal de Panamá, la producción del cacao se incrementó como cosecha de reemplazo. Se construyó la planta procesadora de cacao más grande del mundo en Almirante. Dos líneas de ferrocarril entraban a la planta con cacao fresco y una línea sacaba los granos secos de cacao. En 1925, la Compañía exportó 2,171,835 kilos de cacao a los Estados Unidos, Latinoamérica y a muchos países de Europa para su procesamiento a chocolate. En 1927, el gerente Henry Blair salió de France Field en la Zona del Canal a bordo de un avión anfibio en prueba por la Pan American Airways, amerizando en la bahía de Almirante.

En diciembre de 1927, el Superintendente de Agricultura, E. C. Adams, quien comenzó su carrera en la división de Panamá en 1911 como apuntador, reemplazó a Henry Blair como gerente. Adams fue responsable de 53,056 hectáreas (131,100 acres) con bananos, cacao, bosques, potreros y 3,000 cabezas de ganado. La mitad de la propiedad estaba en el sector costarricense del río Sixaola. Cuando Blair se marchó, se llevó numerosos empleados de las operaciones de Bocas del Toro para empezar la nueva Chiriquí Land Company en Progreso y Puerto Armuelles. Esta fue la primera empresa de la United Fruit Company en el sector del Pacífico.

Durante los años 1920, la capital de la provincia en Isla Colón decayó aún más debido a que la industria bananera seguía alejándose cada vez más debido al mal de Panamá. La United Fruit Company mantuvo activa la oficina de Radio y Telégrafo Tropical solo para uso de la sede del gobierno. El comercio y la economía local en la isla eran mínimos. Aún así, la Compañía operaba una lancha que viajaba diariamente desde Almirante a Bocas del Toro, llevando a los pasajeros que venían en tren desde las plantaciones. Todos los asuntos gubernamentales y legales tenían que tramitarse en la sede provincial del gobierno en la isla.

1930 - 1940

LA PRODUCCIÓN BANANERA DECAYÓ drásticamente debido al mal de Panamá. Se compraban pequeñas cantidades de fruta a productores privados a lo largo de los ríos y las bahías. Palomas mensajeras llevaban mensajes desde y hacia fincas remotas, coordinando así los cortes de fruta y los embarques. Las plantaciones del valle de Talamanca fueron abandonadas en 1934, y las líneas de ferrocarril y telefónicas fueron trasladadas a las fincas Volio y Elena en el sector costarricense. Inundaciones arrasaron vías férreas a lo largo de la parte superior del río Sixaola en el sector panameño en Las Delicias y Sibube. A mediados de los años 1930, la enfermedad del hongo de Sigatoka, que era transmitida por el aire y que atacaba las hojas de la planta del banano, contribuyó al decaimiento en la producción bananera. El cacao se convirtió en la cosecha de mayor exportación, pero no requería mucha mano de obra ni supervisión, y miles de empleados se quedaron sin trabajo, optando por irse a Colón, Ciudad de Panamá y a la Zona del Canal en busca de empleo. La provincia, antes próspera, se hundió en un declive económico, agravado además por la depresión económica mundial de los años 1930.

Mucho del material excedente y abandonado de la Compañía fue transportado desde Almirante al nuevo desarrollo de la Chiriquí Land Company en Puerto Armuelles, en el lado del Pacífico. Al final de la década, se enviaron más materiales excedentes a las nuevas divisiones de Golfito y Quepos, en el lado del Pacífico de Costa Rica. Con el tiempo, las plantaciones bananeras abandonadas en Bocas del Toro y Costa Rica fueron sembradas con cacao o fueron reclamadas por la selva. Básicamente, la United Fruit Company se encontraba inactiva en la provincia.

1940 - 1950

PANAMÁ Y COSTA RICA resolvieron su contienda fronteriza en 1941 por el comienzo de la Segunda Guerra Mundial, que creaba una grave amenaza para el Canal de Panamá. Varios agrimensores de la Compañía trabajaron durante tres años marcando la frontera escabrosa entre ambos países. Al comienzo de la guerra, Carl Friese se suicidó en Bocas del Toro, antes de someterse a ser internado en un campo de detención para alemanes en Panamá. Este próspero mercader había estado en Bocas del Toro desde los años 1890. El 12 de junio de 1942 un torpedo de un submarino alemán hundió al *Sixaola*, un barco de la United Fruit Company, cerca de la costa de Bocas del Toro.

Charlotte Gertrude Elisabeth Snyder, natural de Bocas del Toro e hija de Michael y Seveline Snyder, permaneció en Francia tras su educación allí durante y después de la Primera Guerra Mundial. Era profesora de inglés de carrera en París en 1942, cuando los oficiales nazis alemanes la detuvieron. Más tarde, fue llevada a un campo de concentración nazi en el este de Francia, en Vittel. Tras la Segunda Guerra Mundial, regresó a la enseñanza del inglés en Levallois, París. Charlotte nunca regresó a Bocas del Toro.

Bocas del Toro despertó súbitamente a un nuevo auge económico con el cultivo de la *Musa textilis*, conocida como cáñamo de Manila, o abacá, una planta de banano que produce fibras para la fabricación de cordel. Cuando los japoneses invadieron las islas Filipinas, el suministro mundial de fibras para cordel fue cortado. El Departamento de Guerra de los Estados Unidos contrató a la United Fruit Company para la producción de abacá en Changuinola, debido a que el cordel era un material estratégico para la guerra, utilizado para amarrar buques de guerra y otro equipamiento militar. La Compañía ganó una cuota administrativa adicional de un 10% del gobierno de los Estados Unidos por este esfuerzo durante la guerra. Fincas de cacao fueron taladas y reemplazadas con variedades de abacá que habían sido recolectadas en los años 1920 y traídas a Changuinola para su conservación. Se plantaron 4,200 hectáreas (10,378 acres).

Las fincas de abacá recibieron nombres filipinos como as Cebú, Davao, Filipinas, Luzón, Manila y Mindanao. La Compañía construyó una planta procesadora en Base Line en 1942 para extraer las fibras del tallo de las plantas y convertirlas en soga.

Desde el inicio de la industria del banano en Bocas del Toro hasta este período, la mayoría de la fuerza laboral era de afroantillanos de habla inglesa. Estos vinieron mayormente de Jamaica y otras islas de las Indias Occidentales y de la costa caribeña de Costa Rica y Panamá. Muchos de ellos se fueron del área durante los tiempos difíciles de la década de 1930. Cuando estalló la guerra en 1941, fueron atraídos por buenos empleos en Colón, Ciudad de Panamá y la Zona del Canal. Esto causó una escasez de mano de obra en Bocas del Toro y la United Fruit Company tuvo que importar miles de trabajadores latinoamericanos de habla hispana de El Salvador, Honduras, Nicaragua y Costa Rica. La Compañía fletó aviones que volaban directamente desde San Pedro Sula, Honduras, hasta la pista de aterrizaje en Sixaola, y posteriormente a la pista en Base Line, Changuinola. Algunos venían para escapar la pobreza y la violencia política de sus países de origen. Muchos traían sus familias consigo. Nicaragüenses y costarricenses llegaban por tierra o por la costa en pequeños botes. Teófilo Alvarado, un superintendente de la Compañía, contó que alrededor de 3,000 trabajadores llegaron a Changuinola, formando un total de cerca de 6,000 centroamericanos, incluyendo sus familias. Estos hombres, agradecidos por la oportunidad que se les daba, eran buenos trabajadores, especialmente con machetes para cortar abacá y con palas para excavar zanjas de drenaje. Trajeron sus costumbres y tradiciones, las cuales cambiaron sustancialmente la composición étnica y cultural de Changuinola. Muchos de los hombres se casaron con mujeres locales y formaron familias. Después del final de la guerra en 1945, el gobierno de Panamá forzó a centenares de estos centroamericanos a regresar a sus países de origen. Sin embargo, muchos encontraron la forma de quedarse, especialmente aquellos con trabajo, esposas panameñas e hijos.

No habían reclutado a trabajadores guaymíes como fuerza laboral, pero más tarde pequeños grupos de ellos del río Cricamola y la península de Valiente sí fueron empleados como peones macheteros en las fincas de abacá. Nadie pudo haber previsto que cuatro décadas después dominarían la fuerza laboral. Ya para 1952, trabajadores kuna de las islas de San Blas también fueron contratados en grupos de 25 para trabajar en Changuinola, pero solo por tres meses. Los jefes de sus tribus insistían en que los trabajadores debían regresar a sus islas y a sus familias para compartir sus ganancias y para permitir la rotación de un nuevo grupo a Changuinola. Se construyeron centenares de casas de madera sobre soportes elevados para albergar miles de trabajadores durante el tiempo del abacá.

Después de la guerra, los filipinos de nuevo adquirieron control de la industria productora de abacá, superando a la United Fruit Company en este mercado. Además, los bananeros estaban dispuestos a rededicarse al banano y empezaron a plantar de nuevo Gros Michel a principios de la década de 1950. Las plantaciones de abacá y la planta de procesamiento en Changuinola se cerraron en 1954. Como el cáñamo de Manila se poliniza y produce semillas, la planta se propagó a la naturaleza a través de los animales y las inundaciones.

1950 - 1960

YA PARA 1950, LA United Fruit Company hizo preparativos para volver a la producción bananera con Gros Michel, la variedad de banano tradicional de talla alta que era susceptible a vientos fuertes y al mal de Panamá. Esta vez, el suelo sería anegado antes de ser sembrado para eliminar el hongo que causaba la devastadora enfermedad. La Compañía invirtió millones de dólares midiendo, construyendo diques y bombeando agua del río Changuinola por medio de acueductos. Después de inundar la tierra afectada durante seis meses, el agua fue drenada y los suelos tratados fueron sembrados con rizomas de Gros Michel. Se renombraron y reenumeraron las fincas y distritos.

Esta gran inversión y tratamiento por inundación fue un fracaso total, pues el mal de Panamá diezmó las plantaciones al cabo de unos pocos años. La última finca de Gros Michel fue cerrada en 1960.

Las gerencias de la vieja guardia insistían en eliminar la competencia plantando bananos Gros Michel, pero finalmente se tomó la decisión histórica de cambiar a variedades resistentes al mal de Panamá. Estas variedades resistentes habían sido recolectadas en la década de 1920 y cuidadosamente protegidas contra el hurto. Los frutos del Gros Michel fueron embarcados en racimos, pero las nuevas variedades eran más delicadas y los racimos tenían que ser desmanados y empacadas en cajas. Los viejos jefes decían que el empaque en cajas no se podía hacer. Las nuevas gerencias tomaron una acción positiva en 1958 y sembraron la variedad Lacatan en Changuinola. En 1960, un equipo científico de expertos convirtió la vieja planta de abacá en Base Line en un centro de investigación para aprender a cultivar, cosechar, transportar, desmanar, empacar, embarcar y madurar la fruta de la variedad Lacatan. Después de un par de años, el embarque de bananos en cajas se impuso como norma universal.

A mediados de la década de 1950, la Sinclair Oil Company hizo perforaciones en busca de petróleo en la bahía de Almirante y en el centro de Isla Colón. Los resultados de estos trabajos fueron confidenciales.

Guillermo Sánchez Borbón, nacido en Bocas del Toro en 1924, recibió el premio literario "Ricardo Miró" en 1954 por su novela acerca de Bocas del Toro, titulada *El ahogado*. Usaba el seudónimo Tristán Solarte y escribió varios libros distinguidos.

Empleados de raza negra escalaron posiciones, llegando a ser mecánicos, operadores de trenes y camiones, capataces, secretarias y oficinistas. Más trabajadores guaymíes fueron contratados y trabajadores kuna continuaron viniendo de San Blas, llegando a haber más de 500 de ellos. Con el tiempo, los jefes kuna perdieron control sobre sus hombres y estos llegaban sin mediar contratos. Muchos se quedaron en Changuinola. Latinos de la costa Pacífica de Panamá viajaron por avión de David a Changuinola en busca de empleo como trabajadores de campo, capataces, alistadores y supervisores. Algunos de ellos fueron ascendidos a superintendentes. Llegaban de las provincias centrales y de Chiriquí. Otros caminaban por dos largos días a través de las montañas desde Caldera hasta Chiriquí Grande. Manadas de ganado y mulas tardaban cinco días para cruzar este difícil sendero. El campo de golf y la piscina en Finca 8 en Changuinola fueron construidos a mediados de los años 1950.

En los años 1950, la mezcla caldo bordales, una combinación de sulfato de cobre y cal, fue aplicado a las hojas de las plantas de banano para controlar la enfermedad de la Sigatoka. Este fungicida fue rociado semanalmente a mano por medio de tuberías subterráneas, mangueras y boquillas al volumen elevado de 1,800 litros por hectárea en todas las plantaciones. No se podía exportar fruta alguna sin antes controlar esta enfermedad. Un nuevo control drástico comenzó en 1958, al rociar aceite de huerto por medio de helicópteros y aviones al flujo reducido de diez litros por hectárea. Luego, el Maneb y otros fungicidas fueron añadidos a la emulsión de aceite para aumentar la eficacia del tratamiento.

La Estación de Investigación Agrícola de Changuinola en Finca 8 tenía como personal a un entomólogo, un nematólogo, un fitopatólogo, un fitofisiólogo, un experto en empaques y un agrónomo para ayudar a resolver los múltiples problemas relacionados con el cultivo del banano.

1960 - 1970

EN 1960, EL SINDICATO de los trabajadores se fue a la huelga por un mes. Los líderes eran apoyados por el nuevo gobierno izquierdista de Cuba. Todas las operaciones de la Compañía se paralizaron, causando grandes pérdidas de fruta.

Durante los años 1950 se rociaron dieldrín y DDT para controlar los trips de la mancha roja, un pequeño insecto nocivo que mancha la fruta. Esto causó un gran desequilibrio ecológico, matando especies beneficiosas que normalmente controlaban a los posibles insectos nocivos. Como resultado, numerosos nuevos insectos nocivos emergieron repentinamente en números explosivos causando daños severos a hojas, inflorescencias, frutos, tallos y rizomas. En la década siguiente, se redujo el uso de estos pesticidas, se eliminó el uso de pesticidas tradicionales y se aplicaron controles bioamigables. Como resultado, se restableció un ecosistema natural equilibrado que controlaba la mayoría de los insectos nocivos, a excepción de los trips y los escarabajos *Colaspis*, los cuales fueron controlados mediante el uso de bolsas tratadas que se colocaban sobre la fruta.

El *Radopholus similis*, un nematodo dañino, se había traído en raíces y rizomas de Lacatan desde Jamaica en 1958. Este nematodo provocó que la producción del Lacatan decayera drásticamente, y las fincas fueron abandonadas a los pocos años. Comenzando en 1962, la variedad Valery reemplazó a la Lacatan. Durante los próximos diez años, toda la división fue resembrada con este productivo banano que había sido recolectado en 1925 en Saigón, Indochina, por los doctores Dunlap y Reinking. De nuevo las tierras fueron inundadas para controlar los nematodos en el suelo, y luego plantadas con rizomas de Valery, que habían sido inspeccionados, pelados y cocinados en agua caliente durante diez minutos.

En 1962, la etiqueta azul de "Chiquita" fue colocada en la fruta por primera vez. Con Valery, la producción aumentó y la fruta fue empacad y embarcada en cajas. Esto resultó en grandes ganancias financieras para la United Fruit Company. Al mismo tiempo se instauró el control de la calidad de la fruta. Se contrató un mayor número de mujeres durante esta década debido a los nuevos empleos en las plantas empacadoras.

Comenzando en 1963, la United Fruit Company traspasó trece nuevas fincas bananeras a ciudadanos panameños quienes habían trabajado como supervisores en las plantaciones. Ellos se adueñaron de las fincas y las administraban, vendiendo la fruta a la Compañía bajo contratos.

El canal entre Changuinola y Boca del Drago, abandonado y bloqueado durante más de cinco décadas, se reabrió en 1966 y dio acceso a las bahías e islas.

En 1968, la gerencia y otros departamentos comenzaron a ser trasladados desde Almirante a Finca 8 en Changuinola. Por causa de este traslado, Almirante comenzó a declinar socialmente y económicamente. Esto duró varios años mientras se construían las casas y oficinas necesarias en Changuinola. Todas las nuevas estructuras eran construidas de concreto y bloques a nivel de suelo, en vez de ser elevadas sobre el terreno mediante soportes. El nuevo diseño era más económico, pero los residentes sufrieron pérdidas severas cuando las inundaciones en 1970 dañaron los edificios bajos y destruyeron sus contenidos.

Entre 1968 y 1971, los árboles viejos de cacao y los de sombra fueron talados. Las tierras en Finca 4, al este del río Changuinola, así como en las fincas río arriba del río Sixaola, desde Guabito hasta Tiger Hill, fueron resembradas con rizomas de Valery tratados al calor. Estas tierras no habían producido bananos por más de medio siglo.

1970 - 1980

EL SEGURO SOCIAL DE Panamá reemplazó al Departamento Médico de la United Fruit Company en 1970. Un nuevo hospital del gobierno fue construido en Changuinola y el viejo hospital de Almirante fue deshabilitado y demolido después de más de cincuenta años de servicio.

En 1970, una planta moderna de puré de banano fue construida en Finca 12 para procesar la fruta rechazada, convirtiéndola en puré para comidas para niños, mezclas para helados y otros productos alimenticios. En aquel año, grandes inundaciones de los ríos del litoral caribeño dañaron plantaciones, casas, edificios, caminos, ferrocarriles, puentes y canales, y perjudicaron las vidas de las personas en Changuinola y Sixaola. Cinco inundaciones sucedieron en noviembre de 1968 y en enero, abril, noviembre y diciembre de 1970. Estas inundaciones detuvieron la expansión de nuevas plantaciones por parte de la Compañía en el sector costarricense del río Sixaola. La variedad Grand Nain fue introducida en Changuinola en los años 1970, pero el rendimiento fue inferior a la de la variedad Valery en algunas áreas. Tradicionalmente, se aplicaba el fertilizante nitrogenado como nutriente único. Una deficiencia de potasio en 1972 resultó en el amarillamiento y el marchitamiento severo de las hojas de los bananos, así como una baja en la producción de fruta. A partir de entonces, la aplicación de potasio se convirtió en rutina. Para controlar los trips de la mancha roja y los escarabajos *Colaspis* que dañaban la piel de la fruta, se introdujo el chlorpyrifos en las bolsas de polietileno que protegían los racimos. La Compañía contaba con 6,000 empleados en sus planillas. Más de 1,500 trabajadores adicionales eran contratados por productores bananeros privados.

1980 - 1990

CARLOS REID NACIÓ EN Old Bank (Bastimentos) en 1892. A mediados de la década de 1970, relató su vida histórica, política, cultural y social al doctor Stanley Heckadon-Moreno, un antropólogo panameño. En 1980, el doctor Heckadon-Moreno editó y publicó las memorias de Reid de forma bilingüe en inglés y español: *Light in Dark Places * Memorias de un criollo bocatoreño.*

Se designaron cuatro parques grandes en la provincia: la Reserva Forestal de Palo Seco (1983), el Parque Internacional La Amistad (1988), el Parque Nacional Marino Isla Bastimentos (1988) y la Reserva Humedal San San Pond Sak (1994). Sin embargo, los oficiales del servicio de Parques Nacionales erraron al no incorporar y proteger la isla de Escudo de Veraguas, de rara biodiversidad, debido a reclamos por los indígenas de la comarca.

A medida que se iban instalando negocios a los lados del ferrocarril, empezó a formarse el pueblo de

Changuinola en Base Line y en Finca 12. Llegaron comerciantes del Medio Oriente y se unieron a los de Asia, Europa y el Caribe, quienes habían iniciado sus negocios décadas antes. Carreteras de grava en Changuinola fueron pavimentadas con asfalto. Las nuevas carreteras hacia la frontera internacional de Guabito y Sixaola promovieron el intercambio comercial y de negocios en ambos lados del río Sixaola.

En 1981, la Sigatoka negra, una mutación de la Sigatoka, llegó a Changuinola proveniente de infecciones que comenzaron en Honduras y que se extendieron en todas direcciones por medio del viento y de hojas transportadas en camiones de carga. Este nuevo organismo era aun más virulento y requería fungicidas caros y esfuerzos técnicos avanzados para su control. Previamente, solo se necesitaba un avión para aplicaciones aéreas a las 8,000 hectáreas (19,768 acres) de banano. Pronto cinco pilotos al mando de cinco aviones estaban aplicando fungicidas. Para eliminar los bandereros que guiaban los aviones en los campos, se utilizaban señales remotas de radio provenientes de torres que guiaban a los pilotos en sus patrones de vuelo sobre las plantaciones. Luego, Sistemas de Posicionamiento Global (GPS) enlazados vía satélite guiaban a los pilotos por las líneas de fumigación. Así, Changuinola se convirtió en la primera zona bananera que usaba guías electrónicas para los aviones fumigadores.

Pequeños productores de plátano fueron afectados severamente por la Sigatoka negra. Otra enfermedad generada por hongos que atacaba el cacao, la Monilia, invadió Panamá y redujo enormemente la producción de cacao.

Tradicionalmente, las altas posiciones administrativas en la Compañía eran ocupadas por norteamericanos y otros extranjeros. Durante esta década, la política de la Compañía cambió y panameños y latinos de Centro y Sudamérica con altos niveles de educación reemplazaron a los demás foráneos. A medida que los latinos iban ganando experiencia en posiciones gerenciales en Panamá, fueron transferidos a otras operaciones en otros países, incluyendo a las oficinas corporativas en Europa y Norteamérica. Las computadoras aparecieron en las oficinas administrativas y después en cada finca de operación bananera.

Los sindicatos fueron cada vez más exigentes. Para ese entonces, la mayoría de la fuerza laboral era de trabajadores guaymíes quienes controlaban el sindicato con sus números y sus votos.

Comenzando en 1982, barcos petroleros llegaban de Alaska a Puerto Armuelles en la bahía de Charco Azul en el Pacífico, donde el petróleo crudo era bombeado sobre la montaña por medio de un oleoducto hasta Chiriquí Grande en el Caribe. El petróleo era transferido a otros petroleros para ser transportado a la costa este de los Estados Unidos para su refinamiento. En 1984, se completó una carretera pavimentada paralela al oleoducto y el antiguo sendero de Caldera que atravesaba la montaña hasta Chiriquí Grande. Esta era la primera y única carretera entre las provincias de Bocas del Toro y Chiriquí. La nueva carretera promovió la migración y asentamiento de miles de nuevos habitantes lo cual provocó grandes cambios ambientales en toda la provincia de Bocas del Toro. Un trasbordador grande acarreó carga, pasajeros y vehículos entre Chiriquí Grande, Almirante y el pueblo de Bocas del Toro. En 1985, después de muchos años de construcción, se completó una carretera a través de la cumbre de las montañas entre Almirante y Changuinola.

Científicos del Instituto Smithsonian de Investigación Tropical y otras organizaciones académicas designaron a Bocas del Toro como el "Galápagos de Panamá" por su rica diversidad biológica en flora y fauna entre isla e isla. Expertos y conservacionistas instaron al gobierno y al pueblo panameño a conservar esta herencia única. CARIBARO y ANCON surgieron como organizaciones que ayudan a proteger el medio ambiente.

1990 - 2000

EN EL DÍA DE La Tierra, el 22 de abril de 1991, un gran terremoto que registró una magnitud de 7.4 en la escala de Richter causó graves daños a cientos de edificios, drenajes, ferrocarriles, puentes y muelles en Bocas del Toro, Almirante, Changuinola y Guabito. Hubo decesos y muchos residentes se fueron de la provincia. El valor de las propiedades declinó drásticamente.

Hasta 1970, el Departamento Médico y Sanitario de la United Fruit Company mantenía un control estricto de los sitios de reproducción del mosquito para controlar la malaria y la fiebre amarilla. Estos padecimientos prácticamente desaparecieron de la provincia durante décadas. En 1991, un brote de malaria pasjó por la costa caribeña de Costa Rica y entró a Panamá. Cientos de casos fueron tratados en pueblos, plantaciones y asentamientos por toda la provincia. Ya para 1994, el número de casos seguía alto y las enfermedades seguían propagándose, especialmente en las comunidades indígenas costeras y del interior.

A principios de los años 1990, la Unión Europea limitó la cuota de bananos importados de Centroamérica, lo cual causó una reducción de la producción en Changuinola. Chiquita Brands Internacional cambió su modalidad de transporte de fruta al uso de contenedores, eliminando así a los estibadores que cargaban los barcos caja por caja.

Un foro digno de anotar, moderado por el doctor Stanley Heckadon-Moreno del Instituto Smithsonian, titulado *Agenda Ecológica y Social para Bocas del Toro*, se celebró en 1993. Numerosos participantes de una muestra representativa de científicos, agencias gubernamentales, y de grupos de diversos sectores sociales, religiosos, indígenas, de planificación y económicos formularon un plan a largo plazo para un desarrollo responsable de la provincia. Una fotografía de satélite incluida en el reporte contrastó de forma convincente al paisaje destruido de Chiriquí con el verde y boscoso sector de Bocas del Toro. Esto sirvió de advertencia clara de la elección a seguir para el futuro.

Durante este período, se cambiaron los nombres tribales de guaymí a ngäbe y de bokota a buglé. Por consiguiente, en 1997, la nueva reserva indígena autónoma fue designada la Comarca Ngäbe-Buglé. Esta amplia área ocupa partes de las provincias de Bocas del Toro, Chiriquí y Veraguas.

En 1998, el nombre de la empresa operativa de Chiquita Brands International en la provincia fue cambiado de Chiriqui Land Company a Bocas Fruit Company.

Antes que la democracia fuera restaurada en Panamá en 1989, el turismo había sido mínimo, y los tres hoteles en Bocas del Toro frecuentemente se encontraban vacíos. Ya para 1995, artículos de interés turístico publicados por el diario *Tico Times* y otros medios internacionales alentaron a los turistas a visitar las islas. En pocos años se produjo una plétora de turistas, especuladores de tierras e inversionistas. Los extranjeros compraron propiedades a dueños locales pagando precios muy por encima de los valores tradicionales, y la venta de propiedades surgió rápidamente. Para finales del siglo, la mayoría de los terrenos frente al mar en las islas así como otros terrenos selectos pasaron a ser propiedad de extranjeros. Los promotores parcelaron los delicados hábitats de las islas en pequeños lotes para la construcción de viviendas, lo cual resultó en la destrucción masiva de nichos ambientales únicos. La corrupción y el soborno de oficiales gubernamentales aceleraron el ritmo de los daños causados a la tierra y al mar. Debido a que numerosos extranjeros procedieron con sus proyectos ilegales e inapropiados, las agencias reguladoras gubernamentales fueron abrumadas y perdieron el control de las agendas de desarrollo a largo plazo. Las recomendaciones diseñadas para proteger los terrenos, islas, costas y bahías fueron ignoradas. A pesar de las advertencias y recomendaciones de científicos y organizaciones ambientalistas, se incrementó el desarrollo descontrolado. Enormes pérdidas de hábitats redujeron la diversidad biológica y pusieron en peligro numerosas especies de flora y fauna. Adueñamientos cuestionables y títulos dudosos de propiedades causaron numerosas disputas de linderos y propiedades por todas las islas.

2000 - 2010

EN EL AÑO 2000, se completó el último tramo de la carretera entre Chiriquí Grande y Almirante. Al terminarse esta conexión surgió el tránsito entre la frontera en Guabito, Changuinola, Almirante y el resto de Panamá. Masas de inmigrantes llegaron y se asentaron a lo largo de las nuevas carreteras y senderos, causando grandes pérdidas ecológicas de flora y fauna en las selvas lluviosas desprotegidas. La demanda para maderas tropicales duras para la construcción de nuevas viviendas y hoteles promovió el negocio del contrabando de maderas, el cual fue ignorado por los oficiales del gobierno. Los árboles maderables maduros se convirtieron en especies en peligro de extinción debido a la explotación forestal ilegal. Sin árboles maduros que den semilla, las especies más buscadas llegarán casi a la extinción.

En el 2003, más de 1,400 estudiantes fueron matriculados en el campus de la Universidad de Panamá en Finca 13, veinte años después de que la sede fuera fundada en Changuinola. El Instituto Smithsonian invirtió 1.3 millones de dólares en la construcción de un moderno centro de investigaciones en Isla Colón, cerca de la ciudad capital de Bocas del Toro. El techo fue cubierto totalmente con paneles solares que generaban energía eléctrica. Estudiantes y científicos llegan de todas partes del mundo para hacer investigaciones en la provincia. La biología marina, el deterioro de los arrecifes, la ecología y las ranas venenosas conforman el mayor foco de atención. Las instalaciones se inauguraron en octubre del 2003. El 16 de noviembre del 2003, los ciudadanos celebraron el centenario de la fundación de la provincia de Bocas del Toro.

Después de un siglo de prestar servicio de pasajeros y carga, el ferrocarril bananero cesó operaciones en el año 2006. Desde entonces los bananos son acarreados en contenedores por camión hasta el puerto de Almirante. Debido a sus persistentes dificultades financieras, Chiquita Brands Internacional continuó reduciendo el personal en Changuinola. Los barcos de la *Gran Flota Blanca* fueron vendidos en el 2007 y luego arrendados de vuelta a la Compañía. Según estudios recientes, los barcos bananeros ya no usarán el canal naturalpor Bocas del Toro sino una mejor ruta por Boca del Drago. Un portacontenedor podrá salir completamente cargado con 300,000 cajas de banano al Caribe sin tocar el fondo.

Un servicio de taxis acuáticos barato y rápido facilitó viajar entre Bocas del Toro, las islas, Almirante y Changuinola vía el canal Snyder a Finca 63. La explosión turística y de desarrollo precipitó un incremento en el número de operadores de giras, hoteles, bares, restaurantes, cibercafés, tiendas, agencias de bienes raíces y marinas. Cientos de nuevos trabajos y planillas resultaron en una explosión económica que cambió los estilos de vida locales. El desarrollo excesivo descontrolado desafió a las agencias gubernamentales para poder mantener y satisfacer la creciente demanda por electricidad, agua, carreteras, disposición de basura, obras públicas, salud pública y otros servicios. Con esta prosperidad llegó también el narcotráfico, la corrupción y la pérdida de tradiciones, culturas y hábitats naturales. Como resultado, se ha desatado un choque entre los conservacionistas y los intereses de desarrollo extranjeros.

El dengue, la malaria y la Leishmaniasis continúan siendo amenazas a la salud en toda la provincia. En el 2006 se iniciaron grandes preparativos para la construcción de dos represas hidroeléctricas en la parte superior del río Changuinola, empezándose la construcción de un camino de acceso de tránsito pesado entre Ojo de Agua, el valle del río Risco y el río Changuinola. Se empezó un puente nuevo sobre el río Changuinola paralelo al puente original del 1908.

2010 - 2024

LA UNITED FRUIT COMPANY estaba en Bocas del Toro desde 1899 y más tarde pasó a llamarse Chiquita Brands International. La Compañía fue la primera potencia económica de la provincia durante más de un siglo, empleando habitualmente a más de 6,000 trabajadores. En 2015, dos grupos brasileños, Safra y Cutrale, compraron Chiquita y la convirtieron en una empresa privada. La nueva dirección cambió drásticamente las operaciones, especialmente en las plantaciones bananeras de Changuinola y Sixaola. Todo el complejo de oficinas de gestión de Finca 8 fue cerrado y bloqueado, y ya no hay director general en Changuinola. Las prácticas agrícolas han cambiado y las operaciones bananeras y portuarias se gestionan desde San José, Costa Rica.

La represa hidroeléctrica del río Changuinola empezó a generar electricidad en 2011, seguida de la planta de energía del río Bonyic en 2015. La energía se conectó a una gran red provincial, nacional e internacional, que suministró energía a las principales poblaciones de la provincia de Bocas del Toro, especialmente en las plantaciones bananeras y en Changuinola, la zona del río Sixaola, Almirante y Chiriquí Grande. En 2022, un cable submarino hasta Isla Colón proporcionó energía hidroeléctrica a la capital de la provincia, y se cerraron las viejas plantas de combustibles fósiles. La red también provee energía al resto de Panamá y Centroamérica.

Una vez terminadas las represas, la confortable comunidad privada para empleados de primera clase, en la montaña sobre Ojo de Agua, se convirtió en un complejo hotelero con vistas panorámicas y ecoturismo.

En 2017, la capital de la provincia se convirtió en el primer municipio de Panamá y Centroamérica en ordenar que ya no se proporcionaran bolsas de plástico a los clientes para transportar mercancías. Poco después de la prohibición de las bolsas de plástico, el gobierno nacional de Panamá aprobó una ordenanza similar para el país. Este ejemplo motivó a la vecina Costa Rica a hacer lo mismo. Esto ha reducido la contaminación por plásticos en la tierra y en el agua y ha fomentado la concienciación pública sobre un importante problema universal. La prohibición del plástico en Bocas del Toro fue posible gracias al apoyo del alcalde de Bocas, organizaciones ambientalistas y ciudadanos comprometidos.

El turismo y el desarrollo residencial se convirtieron en un gran ingreso económico para la provincia durante este período. Cada vez más panameños de otras provincias visitan como turistas, lo que genera beneficios económicos para los hombres indígenas que poseen barcos turísticos, son capitanes de barco y guías turísticos. Parte de su trabajo consiste en comunicarse en inglés, y la sede de la Universidad de Panamá en la provincia ofrece cursos de turismo.

En el 2018, se publicó *Coastal Resources of Bocas del Toro, Panama: Tourism and Development Pressures and the Quest for Sustainability*, por varios ecologistas de distintas procedencias que explora los recursos marinos y costeros de Bocas del Toro, examina las amenazas a las que se enfrentan por el acelerado desarrollo de la región y señala caminos para el futuro sostenible de la región.

Durante esta década, miles de indígenas migraron de sus tierras tradicionales en busca de trabajo y una mejor vida para sus familias. Como resultado, invadieron y reclamaron tierras deshabitadas en tierra firme, a lo largo de carreteras y ríos, en Chiriquí Grande, Almirante, Changuinola y a lo largo del río Sixaola. A lo largo de las orillas de las bahías e islas, las comunidades indígenas se desarrollaron rápidamente. En Bocas Town, una enorme comuna de migrantes se asentó en el pestilente manglar paralelo al aeropuerto internacional de Bocas. Esta deplorable barriada se llamaba La Solución. Durante el 2022 y 2023, el gobierno construyó 500 casas en Isla Colón para reubicar a estos migrantes y aliviar el problema. El nombre de esta nueva comunidad también es La Solución.

En los últimos años, debido a una mayor demanda de agua, ha habido escasez de agua en Isla Colón. Además, algunos años ha llovido menos–un ciclo natural. Para aumentar el suministro de agua, en 2022 y 2023 se perforaron varios pozos profundos a lo largo de la carretera principal a Boca del Drago.

Las carreteras penetraron en zonas remotas de toda la provincia, abriendo los bosques tropicales que fueron rápidamente destruidos por los nuevos colonos. En 2022, se construyó un ramal hasta Tierra Oscura, que se ha extendido hasta Nueva Esperanza. Continuará hasta Loma Partida. Tres especies de monos de Isla Colón están perdiendo su pequeño y restringido hábitat porque en 2024 se construirá una nueva carretera alrededor de la isla.

En el pasado, Escudo de Veraguas, una isla remota, quedaba demasiado lejos y era difícil visitarla. Por ello, las especies endémicas y raras de plantas y animales estaban más a salvo. En los últimos años, sin embargo, barcos turísticos más grandes y con motores potentes llevan a los turistas de Chiriquí Grande, Almirante e Isla Colón a esta isla única, y muchos indígenas ahora viven en la isla todo el año para coger langostas, peces, pulpos y caracoles para vender. La invasión humana amenaza ahora este frágil ecosistema de especies raras de flora y fauna.

Preocupados por esta amenaza crítica para Escudo de Veraguas, grupos ambientalistas locales, nacionales e internacionales organizaron y llevaron a cabo un estudio de los sistemas ecológicos de la isla. El equipo estaba formado por hombres y mujeres indígenas que trabajaron con científicos experimentados. Este esfuerzo cooperativo dio como resultado la concienciación de la comunidad sobre la pérdida de hábitats y la posible extinción de especies raras de flora y fauna. Se publicó un excelente libro sobre este estudio cooperativo en español y ngäbere, *Isla Escudo de Veraguas: estudiando juntos su biodiversidad * Ngutduä mrende kä Degäbotdä: jatötdigatda gwaire jodron nire bätägä ngwarbe botdä.*

El exceso de recolección de marisco en las aguas que rodean Bocas del Toro ha diezmado las poblaciones de caracoles, peces, pulpos y langostas. Estas especies favoritas son importadas ahora sobre todo de fuera de la provincia. Continúa la captura de tortugas marinas.

En 2020, la pandemia de COVID-19 se extendió por toda la provincia. Las autoridades médicas y gubernamentales dictaron normas estrictas a la población para evitar la propagación de esta perturbadora enfermedad. El cumplimiento positivo por parte de la población ayudó a controlar el brote.

En 2021, un nuevo puente sobre el río Sixaola en Guabito sustituyó al antiguo puente ferroviario construido en 1908 por la Baltimore Bridge Company para la United Fruit Company.

El ruido excesivo de los clubes nocturnos adquirió notoriedad en Bocas Town y creó un grave conflicto entre los residentes locales y los propietarios de los clubes. Debido a la construcción sin restricciones a lo largo del paseo marítimo de Bocas Town, las únicas vistas de la bahía de Almirante y el Caribe se encuentran al extremo sur de calle 3ra, donde desembarca el transbordador de Almirante.

En octubre de 2023, una multitud de ciudadanos de la provincia apoyó a otros panameños del país en su protesta contra una empresa minera de cobre que estaba destruyendo extensas zonas de selva tropical con explotaciones a cielo abierto. El pueblo ganó su caso por el momento.

El 1 de mayo de 2001, Juan Vásquez Bent instaló una cámara de seguridad que transmitía en directo por el canal 18 del circuito cerrado de Cable Chicho. Así comenzó la iniciativa de crear Bocas TV, un canal informativo para los habitantes de Bocas del Toro. Al principio, el canal emitía tres programas, pero más adelante empezó a transmitir en directo, cubriendo desfiles nacionales, carnavales, partidos de béisbol y fútbol de todos los niveles, y finalmente las actividades más importantes de Bocas del Toro. Con los años, Bocas TV evolucionó hasta convertirse en BTV Panamá. A través de su alianza con Cable Onda, BTV Panamá emite ahora a nivel nacional e internacional a países como Canadá, Costa Rica, México, Paraguay, Uruguay y Estados Unidos. Su logotipo, una antena parabólica verde apuntando a un sol amarillo brillante, lo dice todo.

El periódico *The Bocas Breeze*, fundado en 2004, sigue informando las noticias en línea para Bocas del Toro y más allá.

La primera gran oleada de inmigrantes chinos llegó a Bocas en la década de 1890 y comienzos de 1900. A principios del siglo XXI, adinerados inversores de China construyeron tiendas modernas y otros negocios en centros comerciales de toda la provincia. Simultáneamente, aumentó la presencia de judíos y árabes. Las oportunidades atrajeron a la zona a un gran número de inversores y residentes nacionales e internacionales.

Para 2024, la Universidad de Panamá y otras escuelas de enseñanza superior de toda la provincia tienen 4,000 estudiantes estaban matriculados.

Lastimosamente, al amanecer del 13 de abril de 2024, un fuego destruyó siete negocios en el paseo marítimo al sur de calle 3ra.

En resumen, la rica y compleja historia de Bocas del Toro guarda huellas de colonización, explotación y adversidad, en conjunto con su paisaje tranquilo. Su futuro está en los retos a los que se enfrentan sus habitantes en medio de los avances globales y corporativos.

Charles Louis Snyder (primero de izquierda), Michael Theodore Snyder (3^{ero}) y Joseph Alfred Snyder (no identificado) formaron la Snyder Brothers Banana Company en la década de 1890. Colección Mahan.

Muelle de Chiriquicito, cerca de Chiriquí Grande en 1901. La barcaza de atrás llevaba el banano a los barcos en aguas más profundas. J. L. H. Hein y Snyder Brothers producían y exportaban fruta de aquí, en la década de 1890. *Leslie's Weekly*.

Cargando bananos en la plantación de los hermanos Snyder desde la linea férrea con un transportador a las lanchas en río Cricamola en la década de 1890. Colección Mahan.

Fuerza laboral de la Snyder Brothers Banana Company. Colección Mahan.

Michael Theodore Snyder (centro, sentado con los bananos) en una fiesta patria. Colección Mahan.

Michael Theodore Snyder excavando un canal. A bordo están su esposa Seveline Mathews y sus hijos. Colección Mahan.

Casa de Michael Theodore Snyder y Seveline Elizabeth Matthews de Snyder en Bocas del Toro. La pareja se casó en la finca de Matthews, Finca Útica, Isla Bastimentos, en 1890. Colección Snyder/Mahan.

Snyder terminó el canal entre Boca del Drago y Changuinola, para la United Fruit Company en 1903. Después que los puentes conectaron Changuinola con Almirante en 1908, el canal se volvió obsoleto. Colección Stephens.

Negocios en Bocas del Toro. Circa 1900. Colección Mahan.

Gente de muchas nacionalidades llegaron a Bocas del Toro debido a la industria bananera. Colección Mahan.

Estadounidenses, alemanes y otros foráneos fueron empleados por la United Fruit Company en Bocas del Toro. Circa 1906. Colección Stephens.

Las construcciones se expandieron sobre los pantanos pestilentes. Circa 1900. Colección Stephens.

Un muro de concreto se construyó alrededor de Bocas del Toro para retener el relleno bombeado del fondo de la bahía. Circa 1905. Colección Stephens.

La *Bocas Sand Pump* succionaba arena y lodo de la bahía para rellenar el pantano bajo la capital. Este proyecto comenzó en 1904 y demoró en terminar. Colección Stephens.

Canales con compuertas llevaban relleno al frente de la tienda de un alemán, Adolf Dodler & Co. Circa 1906. Una tienda anterior de Dodler se incendió en 1904. Colección Stephens.

Oficina de la United Fruit Company durante las labores de relleno. Circa 1905. Estos edificios se incendiaron poco tiempo después. Colección Stephens.

Anteriormente un pantano, el relleno por la calle 3ra estaba seco. Circa 1907. Después, se construyó un parque formal con un quiosco de orquesta, lámpara de gas y jardines. Colección Stephens.

El barco de la United Fruit Company, SS *Verona*, con un logo en forma de diamante blanco y ondeando una bandera noruega, contenía 15,000 racimos de banano. Cayo Carenero se aprecia al fondo. Circa 1906. Colección Stephens.

Nuevas oficinas de la United Fruit Company con el emblema del Consulado de los Estados Unidos sobre la puerta y antenas de radio al frente (derecha). La casa de los empleados está al lado, Aduanas (centro) y la casa de Hans Kandler (izquierda) donde él y su socio Carl Friese tenían la oficina de la Export & Import Company. Al sur y al final de calle 3ra en 1906. Colección Stephens.

Edificio de Aduanas al sur de calle 3ra en German Point. Bendiburg (2do de izquierda a derecha) se casó con Ella Olla Snyder. Circa 1906. Colección Stephens.

El incendio de 1918.
Rescatando mercancía de la tienda de Salomón Canoán, comerciante libanés. Colección Stephens.

Muelle de la United Fruit Company en Bocas del Toro, 1923.
Colección Stephens.

Iglesia católica en calle 3ra. Circa 1909. Colección Perkins.

Punta Hospital en Nancy's Cay (Isla Solarte), 1914. Inició operaciones en 1899 y terminó en 1920. John Kyes, el gerente de la United Fruit Company, vivió en la casa a la derecha hasta 1912. Colección Stephens.

Maqueta de Punta Hospital, Isla Solarte, 1899 - 1920.
Maqueta por Clyde Stephens.

Almirante fue creado por la United Fruit Company en 1906,
en un manglar pantanoso. Colección Stephens.

El muelle de Almirante fue construido entre 1906 y 1908.
Colección Stephens.

Nuevo muelle de Almirante. Circa 1908.
Observe el nuevo vertedero ganado a la bahía. (izquierda).
De una tarjeta postal del estudio de Heron.

El SS *Orcabessa* fue uno de los primeros buques en cargar bananos en el nuevo muelle de Almirante en 1909 y llevaba 38,000 racimos. George Perkins (centro, izquierda), constructor de puentes, es ahora conductor del tren. Colección Perkins.

E. D. Nash fue forjador del ferrocarril de Almirante a Changuinola desde 1906 a 1908. Nash fue enterrado en Punta Hospital en 1911. Colección Perkins.

Cabeza de línea con 12 ramales en Almirante. Circa 1908. Colección Stephens.

Viviendas de United Fruit Company en Almirante, 1912, construidas detrás del muelle, después que el pantano del manglar fuera rellenado con lodo y arena de la bahía. El relleno fue contenido con un muro de concreto. El Banana Club y oficinas están al extremo izquierdo. Colección Stephens.

Un Glen Curtiss Flying Boat del Canal de Panamá aterrizó cerca del muelle en Almirante. Circa 1914. Colección Belinda Enwold.

El Banana Club y edificio de oficinas (izquierda), una de las dos torres de la Tropical Radio Telegraph, edificio del Departamento de Mercancía (centro), y cinco submarinos en el muelle de Almirante (derecha). 1922. Colección Bernal Saborío.

En 1920, un nuevo hospital fue construido en Almirante para reemplazar Punta Hospital en Nancy's Cay (Isla Solarte), el cual cerró ese mismo año. Colección Stephens.

Este barco, el *General G. W. Goethals*, fue llevado a Almirante en 1920 por Marcus Garvey, con el fin de reclutar afro-antillanos para su movimiento "Regreso a Africa". Colección Stephens.

En marzo de 1921, en represalia por la Batalla de Coto en el lado Pacífico, soldados costarricenses invadieron Almirante. Colección Stephens.

Oficiales militares de Costa Rica acordaron con oficiales navales de EEUU regresar a Limón despúes de las negociaciones en la casa del gerente Henry Blair. Colección Jerry Baron.

Almirante al inicio de la década de 1920. La planta procesadora de cacao más grande del mundo (centro). Torres de radio inalámbricas comunicaban con los barcos y con las estaciones terrestres. Colección Perkins.

Racimos de banano siendo cargados por una banda transportadora tipo *camelback* movida a vapor, en Almirante en 1927. Colección Stephens.

Inicialmente, el material para el puente del río Changuinola fue embarcado por el canal hasta que llegó el ferrocarril de Almirante, 1908. Colección Perkins.

George Perkins, constructor de puentes, en su casa en Guabito junto con su familia. El letrero sobre la puerta, "Nashua", se refiere a su pueblo en New Hampshire. Circa 1908. Colección Perkins.

Viviendas para solteros en Guabito, 1909. Colección Stephens.

Tren frutero. Circa 1908. Las primeras locomotoras y equipo llegaron desarmadas a través del canal y fueron ensambladas en Changuinola. Colección Perkins.

Changuinola Railway vapor No. 2 en ruta hacia un juego de béisbol. Circa 1908. Colección Perkins.

Changuinola desde el cerro en Empalme. Circa 1907.
Colección Stephens.

Daño por inundaciones del ramal San San del río Changuinola. Entre 1924 y 25, una represa bloqueó la parte superior del ramal San San para prevenir inundaciones. Después, el San San se convirtió en un río muerto. Colección Stephens.

Las carreras de caballos eran un deporte popular
en el Parque Blair de Guabito, 1921. Colección Stephens.

Gira de campo de oficiales panameños (izquierda) y empleados
de la United Fruit Company (derecha), 1923. Colección Stephens.

En 1922, Guabito tenía un gran patio de trenes y un centro de operaciones para el manejo de plantaciones a ambos lados de los ríos Sixaola y Talamanca. Colección Stephens.

Inspectores en Finca Las Delicias, sector panameño del río Sixaola, 1921. Colección Stephens.

En 1921, Finca Las Delicias era la última plantación en el lado panameño del río Sixaola. La fruta fue exportada desde Almirante. Colección Stephens.

Después de que las plantaciones murieron debido al mal de Panamá, se sembró cacao. El cacao no requería mucha mano de obra, obligando a miles de trabajadores a abandonar la región. Colección Stephens.

Semillas de cacao usadas para fabricar chocolate fueron extraídas de las mazorcas por miembros de las familias.
Colección Stephens.

Cuando la compañía bananera se retiró, muchos indígenas bribri y talamanca reclamaron sus tierras tribales. Esta foto es de 1922. Colección Stephens.

El abacá (cáñamo de Manila), reemplazó al cacao en Changuinola para suministrar fibras usadas para soga durante la Segunda Guerra Mundial. Indígenas guaymíes entraron en planillas por primera vez durante la década de 1940. Colección Stephens.

El presidente de Panamá, José Antonio Remón (2do de la izquierda) visita Changuinola en 1953. Teófilo Alvarado (3ro de la izquierda) era superintendente de las operaciones de abacá. El gerente George Munch (2do de la derecha) estaba dirigiendo la conversión de cultivos de abacá a bananos. Colección Stephens.

Almirante. Circa 1966. Fotógrafo: desconocido.

Almirante, 2002. Fotógrafo: © Remy Swaab. Creative Commons.

Cargando bananas en el muelle de Almirante, circa 1908.
Colección Lawrence.

Patio de contenedores de Almirante cerca del muelle, 28 de marzo de 2024. Durante la semana, los bananos se cosechan, se empaquetan en cajas de cartón y se colocan en contenedores refrigerados para eliminar el calor del campo. Los contenedores se transportan en camión hasta el puerto de Almirante, y se cargan cuando llega el barco bananero, cerca del fin de semana.
Fotógrafo: © Leovigildo Julián Lorenzo.

El 28 de marzo de 2024, el portacontenedores Chiquita Century atracó en el muelle Almirante. Este muelle fue inaugurado por la United Fruit Company en 1906 y estuvo operativo antes de 1908. En la década de 1990, el muelle se modificó para poder manejar buques portacontenedores. El Chiquita Century se construyó en 2008, tiene 209 metros de eslora y 30 metros de manga. El buque frigorífico tiene capacidad para 616 contenedores. Cada contenedor contiene 1.000 cajas de cartón y cada caja tiene 18 kilos de banano verde. Este barco navega bajo bandera liberiana.

Fotógrafo: © Leovigildo Julián Lorenzo.

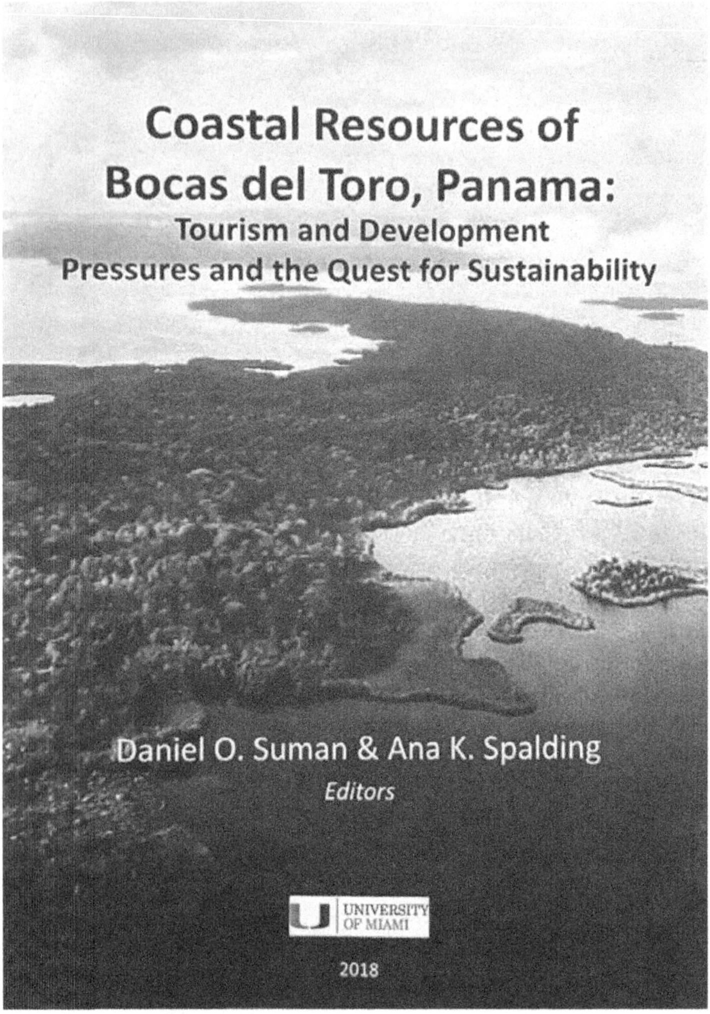

Estudio realizado por varios ecologistas de distintas procedencias que explora los recursos marinos y costeros de Bocas del Toro, examina las amenazas a las que se enfrentan por el acelerado desarrollo de la región y señala caminos para el futuro sostenible de la región. Universidad de Miami, 2018.

Estudio por el Centro Regional para el Hemisferio Occidental (CREHO) y la Secretaría Nacional de Ciencia, Tecnología e Innovación (SENACYT), Panama, 2021.

Vista aérea de Bocas del Toro. Principios del siglo XXI.
Fotógrafo: desconocido.

La represa del río Changuinola,
que se muestra aquí bajo construcción,
comenzó a funcionar en 2011. Fotógrafo: desconocido.

Vista aérea de Changuinola, 2019.
Fotógrafo: © Álvaro Pérez.

El Empalme, Changuinola, 2008. Note las fincas bananeras a lo lejos. Fuente: Bocasws, Public domain via Wikimedia Commons.

Bocas Town, agosto 2023.
Este tronco de manglar era una reliquia histórica enterrada a unos dos metros de profundidad bajo la intersección de las calles 1ra y 2da. Originalmente, toda esa parte del antiguo Bocas era un manglar. Alrededor de 1906, el fondo del mar fue bombeado hacia los manglares para convertirlos en tierra firme como la conocemos hoy.
Fotógrafo: © Clyde S. Stephens.

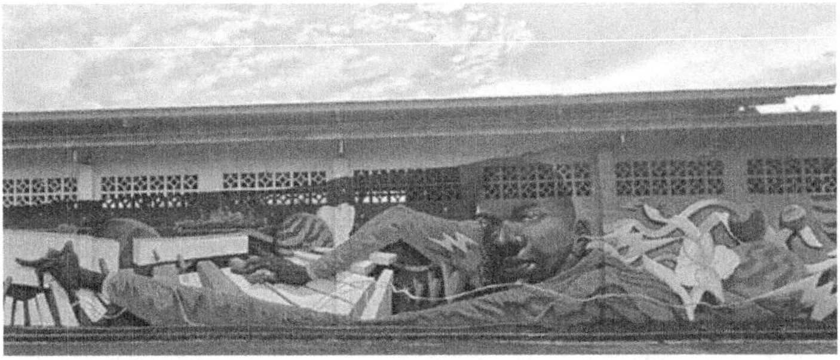

El 16 de julio de 2021 se inauguró un mural en honor a Luis Carl Russell, pianista de jazz de los 1920s, nacido en la isla Carenero. El mural, obra del muralista Sergio Smith, conocido artísticamente como "MadMagos", fue una iniciativa de la comunidad de Bocas del Toro y gracias en parte a Ariel Pérez, historiador de Bocas. Fotografía: © *Bocas Breeze.*

El 31 de octubre de 2021, la comunidad de Almirante inauguró este mural pintado por el muralista Sergio Smith, alias MadMagos, en honor de Lord Cobra, Wilfred Methusiel Berry Gonin, uno de los músicos calypsonianos más importantes de todo el Caribe. Fotografía: Instagram.

El estadio de Calvin Byron, El Empalme, Changuinola.
Cortesía de BTVPanama.com.
Fotógrafo: © Juan Vásquez Zúñiga

El 1 de junio de 2022 se inauguró un mural en honor a Guillermo Sánchez Borbón realizado por el muralista Sergio Smith, conocido artísticamente como "MadMagos" y gracias en parte a Ariel Pérez, escritor de la historia de Bocas. En 2018, el 1 de junio fue declarado "Día de la Literatura" en la provincia de Bocas del Toro. El mural está ubicado en la pared posterior del Hotel Bahía en calle 4ta en Isla Colón. Fotografía: © *Bocas Breeze.*

La costa de Bocas Town, 2024.
Fotógrafo: © Leovigildo Julián Lorenzo.

Paseo marítimo de Bocas Town, 2024.
"La Casa Blanca", construida en los años 90
fue la primera casa de medio millón de dólares de Bocas.
Fotógrafo: © Leovigildo Julián Lorenzo.

Agradecimientos

ESTOY MUY AGRADECIDO A numerosos veteranos de Bocas del Toro, quienes fueron entrevistados entre los años 1960 y 2007. Debo agradecimientos especiales a Silvia Chong Howard, Catherine Howard Chong, Lloyd Gallimore, Luisa y Felipe Gerchow, Tania Goslin, Alex Lim, Elford R. Oglivie, Xenia Peck, Carlos Reid, Charles Samuels, Enoch Flemming, Teléforo Serrano, Eduardo Thomas, Ligia Thomas de Paget, Fabiola Taylor, José Thomas, Sr., Chow Kai, Juan Chen, Carlos Fitzgerald, Sr., Jorge Kam Ríos, Samuel Gutiérrez, José Agustín Ganuza, Peter Obediah Quinn, Charlie y Mister Pinnock de Boca del Drago, Thomas J. Bendiburg Snyder, Cipriano Castillo, Claudio Barrantes Cartín, Anthony Coates, y otras. Robert H. Fuson y Eugene Lyon aportaron valiosas referencias sobre el viaje de Cristóbal Colón a través del área de Bocas del Toro. Lawrence Mahan facilitó fotografías y referencias acerca de la Snyder Brothers Banana Company. Milford Peynado y José Thomas, Jr., me dieron documentos acerca de Abel Bravo, y registros de impuestos y documentación acerca de la propiedad de J. H. L. Hein. Vicente Pascual fue generoso con sus tarjetas postales y álbumes de fotografías del Bocas del Toro antiguo. Belinda Enwold contribuyó con 123 fotografías del período de 1910 cuando su abuelo, Waldo Clark, era ingeniero en Almirante y Changuinola. Debo la gracias a Juan Ramón Vallarino J. por su prefacio. Stirling Blair aportó recuentos históricos acerca de su padre, el gerente Henry Blair. Gracias a Stanley Heckadon-Moreno quién animó la publicación original de Bosquejo Histórico del Cultivo del Banano en la provincia de Bocas del Toro (1880-1980). Tom Wake suministró datos arqueológicos del período precolombino. Carlos Fitzgerald, Jr., ayudó en fechar artefactos de Punta Hospital. Tam Syme generosamente editó el manuscrito que Bernal Saborío tradujo con disposición y diligencia al español. Gracias también a Wagner Beig Temple por facilitarnos el número de contenedores del buque bananero *Chiquita Century*. César Romero fue siempre una fuente fiable, especialmente sobre presas e información hidroeléctrica. El doctor Jacob Pittí proporcionó datos sobre la Universidad de Panamá en la región. Álvaro Pérez investigó datos útiles sobre piratas y otras cuestiones. Elsie Howard y José "Chepe" Oquendo siempre tuvieron una gran ayuda. Felipe Baker aportó información sobre los estudios del Escudo de Veraguas y el libro que le siguió. Leovigildo Julián Lorenzo me mostró los caminos y lugares de su herencia indígena y proporcionó unas fotografías excelentes para este libro. Stewart Redwood proporcionó publicaciones profesionales y comunicaciones personales sobre pozos petrolíferos en Bocas del Toro. Federico Pardo me ayudó a encontrar un antiguo pozo petrolífero en Isla Colón. Giselle Araya hizo un estudio increíble para esta publicación. Simón Balid me proporcionó fotos del álbum de su padre del pozo petrolífero de Isla Colón, cerca de La Gruta. A ellos les estoy agradecido. Gracias a Ariel Pérez Price por los datos sobre la familia Georget y otra historia de Bocas. Un agradecimiento especial a Virginie Georget, de París, por los datos sobre los Georget y Charlotte Snyder en Francia. Dave y Linda Gillingham y la doctora Mary Pavelka me mantuvieron al tanto de la rápida pérdida de hábitats de los monos en Isla Colón. Los Gillingham contribuyeron mucho al reciclaje en Bocas del Toro y a la prohibición de las bolsas de plástico. Gracias a Walter y Sue Hamer por sus valiosos comentarios sobre los textos. Asimismo, agradezco a mi esposa Phyllis, a mi hija Linda, a mi hijo Carl, a Ken Ayers y a Nancy McCracken por la ayuda que me dieron.

A todas estas personas, les estoy muy agradecido.

Referencias

1. Adams, Frederick Upham. 1914. *Conquest of the Tropics*. New York: Doubleday, Page & Co.

2. Araya, Giselle Marín. 2006. "Proyectos para construir una ruta transístmica en la zona limítrofe de Costa Rica y Panamá en el siglo XIX." *Revista de Historia de América*. 131-165. 10.2307/20140166. Download at: (PDF) PROYECTOSCANALEROS | Cecilia Marin Araya Academia.eduwww.academia.edu/34847202/ PROYECTOSCANALEROS.

3. Bourgois, Philippe. 1994. *Banano, etnia y lucha social en Centro America*. Costa Rica: Departamento Ecuménico de Investigaciones, Universidad Nacional.

4. Briceño A., Amílcar E. 2004. *Historia y sociedad de Bocas del Toro y de la Comarca Ngöbe Bugle del siglo XV al XXI*. Panamá: Editorial Universitaria.

5. Chomsky, Aviva. 1996. *West Indian Workers and the United Fruit Company in Costa Rica, 1870-1940*. Baton Rouge: Louisiana State University Press.

6. Coates, Anthony G. 1997. *Central America: A Natural and Cultural History*. New Haven: Yale University Press.

7. *Collier's Illustrated Weekly*. Oct. 5, 1901. Volume 28, No. 1. New York: P. F Collier.

8. Crowther, Samuel. 1929. *The Rise and Romance of the American Tropics*. New York: Doubleday, Doran & Co.

9. Freeman, Lewis R. 1932. *Afloat and Aflight in the Caribbean*. New York: Dodd, Mead y Co.

10. Gutiérrez, Samuel A. 1986. *La arquitectura en dos archipiélagos caribeños*. Panamá: Imprenta Universitaria.

11. Heckadon-Moreno, Stanley, editor. 1993. *Agenda ecológica y social para Bocas del Toro*. Panamá: Impresora Continental, S. A.

12. Heckadon-Moreno, Stanley. 2006. *Cuando se acaban los montes*. Panamá: Editorial Universitaria.

13. Heckadon-Moreno, Stanley. 2006. "F. J. Baron: explorando las selvas y suelos de Tonosí, 1923-1925". Panamá: *Epocas* (Septiembre de 2006), *La Prensa*.

14. Ibañez, A., editores. 2021. *Isla Escudo de Veraguas: estudiando juntos su biodiversidad. Ngutduä mrende kä Degäbotdä: jatötdigatda gwaire jodron nire bätägä ngwarbe botdä*. Centro Regional Ramsar para el Hemisferio Occidental (CREHO). Secretaría Nacional de Ciencia, Tecnología e Innovación (SENACYT). Panama, 200 p.

15. James, Winifred. 1915. *A Woman in the Wilderness*. London: Chapman & Hall, Ltd.

16. Kepner, Charles D. y Soothill, Jay H. 1935. *The Banana Empire: A Case Study of Economic Imperialism*. New York: The Vanguard Press, Inc. Reimpreso 1967. New York: Russell y Russell.

17. *La Estrella de Panamá*. 1 de abril, 1904. "Una excursión a Bocas del Toro".

18. *La Estrella de Panamá*. 6 de junio, 1904. "Convencional explicación de la conveniencia de un contrato con la United Fruit Company".

19. *Leslie's Weekly*. January. 16, 1902. No. 2419. New York: Judge Company.

20. Linares, Olga F. y Ranere, Anthony J. 1980. *Adaptive Radiations in Prehistoric Panama*. "Ecology and Prehistory of the Aguacate Peninsula in Bocas del Toro." Peabody Museum Monographs, No. 5. Cambridge: Harvard University.

21. Melville, John H. 1976. *The Great White Fleet*. New York: Vantage Press, Inc.

22. Morison, Samuel Eliot. 1963. *Journals and other Documents on the Life and Voyages of Christopher Columbus*. New York: The Heritage Press.

23. Pérez Price, Ariel René. 2021. Pionero: La historia de Luis Russell. Miss Hilda Press. Panamá.

24. Pérez Price, Ariel René. 2017. Memorias de Bocas Town: La vida y tiempo de José Antonio Price. Miss Hilda Press. Panamá.

25. Reid, Carlos. 1980. *Memorias de un criollo bocatoreño—Light in Dark Places*. Editado por Stanley Heckadon-Moreno. Panamá: Litho-Impresora Panama, S. A.

26. Reverte Coma, José Manuel. 1967. *Los indios teribes de Panamá*. Panama: *La Estrella de Panamá*.

27. Roberts, Orlando W. 1827. *Voyages and Excursions on the East Coast and in the Interior of Central America*. Edinburgh: Constable & Co. Reimpreso 1965. Gainesville: University of Florida Press.

28. Rumeu de Armas, Antonio. 1989. *Libro copiador de Cristóbal Colón*. Madrid: Testimonio Compañía Editorial, S. A.

29. Scoullar, William T., editor. 1916-1917. *El libro azul de Panamá—The Blue Book of Panama*. The Latin American Publicity Bureau, Inc.

30. Smith Lange, Guillermo. 1987. *Bocas del Toro, cinco siglos de historia*. Panamá: Impresora Panamundo, S. A.

31. Stephens, Clyde S. 2024. *Banana Man: Peeling and Revealing, Life in the Tropics*. Panamá: Cecropia Press.

32. Stephens, Clyde S. 2002. *Banana People*. Ann Arbor: Dollar Bill Books.

33. Stephens, Clyde S. 1989. *Bananeros in Central America*. Fort Myers: Press Printing Co.

34. Stephens, Clyde. 1987. "Bosquejo histórico del cultivo del banano en la provincia de Bocas del Toro (1880-1980)". *Revista Panameña de Antropología*, Publicaciones Especiales No. 1. Panamá: Impretex, S. A.

35. Stephens, Clyde S. Cartas misceláneas sobre Marcus Garvey.

36. Stephens, Clyde S. Colección de mapas, fotografías (800) y tarjetas postales (114) sobre Bocas del Toro.

37. Stephens, Clyde S. 1997. *La historia de Punta Hospital—History of Hospital Point*. Leesburg: Leesburg Printing Co.

38. Stewart, Watt. 1964. *Keith and Costa Rica*. Albuquerque: University of New Mexico Press.

39. Suman, Daniel O. and Ana K. Spalding, editores. *Coastal Resources of Bocas del Toro, Panama: Tourism and Development Pressures and the Quest for Sustainability*. University of Miami, 2018.

40. *UNIFRUITCO*. 1926-1970. Revistas de United Fruit Company.

41. United Fruit Company. Archivos misceláneos en Panamá: Almirante, Changuinola, Guabito, Sixaola y Talamanca.

42. United Fruit Company. Archivos del Departamento de Investigación Agrícola. 1922-29. Changuinola, Panamá.

43. Wake, Thomas A. 2003. "Prehistoric Subsistence and Society in Northwest Caribbean Panama, Phase 1: 2003 Archaeological Testing at Sitio Drago, Isla Colón, Bocas del Toro, Panamá." The Cotsen Institute of Archaeology at UCLA.

44. Wilson, Charles Morrow. 1947. *Empire in Green and Gold*. Holt, Rinehart y Winston, Inc. Reimprimido 1968. New York: First Greenwood Press.

Libros de Clyde S. Stephens

Banana Man: Peeling and Revealing, Life in the Tropics
Books 1, 2, 3, y Special Edition
Banana People
Bananeros in Central America:
True Stories of the Tropics
Bosquejo histórico de la provincia de Bocas del Toro / Outline of History of the Province of Bocas del Toro, Panama
Bosquejo histórico del cultivo del banano en la provincia de Bocas del Toro (1880-1980)
Breve historia de Bocas del Toro: La joya de Panamá
Brief History of Bocas del Toro: Panama's Jewel
La historia de Punta Hospital
History of Hospital Point
Stephens Ancestors and Pioneer Relatives

El autor

CLYDE S. STEPHENS NACIÓ en 1934 y es floridano de quinta generación. Tras graduarse en 1959 en Agricultura y Entomología por la Universidad de Florida, trabajó durante 32 años en United Fruit Company, ahora Chiquita Brands International. Ocupó puestos de investigación y servicios técnicos sobre el banano en América Central y la República Dominicana. En 1963, conoció y se casó con Phyllis Steffen, una maestra de escuela de la Compañía en Honduras. Sus dos hijos, Linda y Carl, nacieron en Panamá.

La carrera de Clyde le llevó a países productores de bananos de América Central y del Sur, el Caribe, Filipinas y Taiwán. En 1987 fue nombrado Director de Investigación y Servicios Técnicos. En 1991 se jubiló a una casa con energía solar en una isla de Bocas del Toro, y se convirtió en consultor bananero. Como voluntario de Winrock International, Stephens ha asesorado a cientos de pequeños cultivadores de bananos en Nepal, Bangladesh, India, Guinea y México. Ha guiado a amigos y socios del club en ocho viajes por Centroamérica para observar la naturaleza, las aves y el banano. Clyde vive parte del año en Tavares, Florida.

Gracias

Gracias por adquirir este libro. Espero que haya disfrutado leyéndolo tanto como yo escribiéndolo. Si puede, visite el lugar donde lo adquirió, deje una reseña y recomiéndeselo a sus amigos.

¡Visítenos!

Cecropia Press
cecropiapress.com

Made in the USA
Monee, IL
19 October 2026

66035579R00083